"十二五"国家重点图书出版规划项目
当代财经管理名著译库

Dirk Schoenmaker

GOVERNANCE OF INTERNATIONAL BANKING
The Financial Trilemma

(荷兰)德克·舍恩马克 著

张岳令 张楚 赵雪飞 译

国际银行的治理
金融三元悖论

东北财经大学出版社
Dongbei University of Finance & Economics Press

大连

图书在版编目（CIP）数据

国际银行的治理：金融三元悖论 / （荷兰）舍恩马克（Schoenmaker, D.）著；张岳令等译. 一大连：东北财经大学出版社，2015. 4
（金融瞭望译丛）
ISBN 978-7-5654-1892-1

Ⅰ. 国… Ⅱ. ①舍… ②张… Ⅲ. 国际银行-银行管理-研究 Ⅳ. F831.2

中国版本图书馆CIP数据核字（2015）第050498号

东北财经大学出版社出版发行
　　大连市黑石礁尖山街217号　邮政编码　116025
　　教学支持：（0411）84710309
　　营销部：（0411）84710711
　　总编室：（0411）84710523
　　网　　址：http：//www. dufep. cn
　　读者信箱：dufep @ dufe. edu. cn
大连图腾彩色印刷有限公司印刷

幅面尺寸：170mm×240mm　字数：188千字　印张：14
2015年4月第1版　2015年4月第1次印刷
责任编辑：刘东威　　　　　　责任校对：惠恩乐　那　欣
封面设计：冀贵收　　　　　　版式设计：钟福建
定价：38. 00元

译者前言

在本书的翻译过程中，2014年11月7日，金融稳定理事会（FSB）公布了2014年全球系统重要性银行（G-SIBs）名单，中国农业银行成为第3家来自中国的银行（中国银行和中国工商银行分别于2011年和2013年入选）。除了我国3家银行外，此次还有3家日本银行、16家欧洲银行、8家美国银行入选。

我国3家银行入选全球系统重要性银行名单，表明国际社会对中国经济和金融业改革发展成就的认可，表明这3家银行开始具备了全球性特征。

但是，全球系统重要性银行不必然是国际化银行。舍恩马克教授根据外币资产占总资产的比重，将占比超过50%的银行称为国际化银行，25%～50%之间的称为半国际化银行，低于25%的则为国内银行。2014年上半年的年报披露，中国建设银行、中国工商银行、中国银行的海外资产占总资产的比率分别为4.34%、7.1%、27.73%，中国农业银行的海外营业收入占总收入的3.1%。由此看出，我国银行的国际化道路依然漫长。舍恩马克教授认为，由于亚洲的银行体系在国内占据主导地位，其金融体系的国际化程度不高，对全球治理不感兴趣。

舍恩马克教授基于对2008年金融大危机的研究，认为金融稳定、国际银行和国家金融政策这三个目标之间无法协调一致，只能在这三个目标中选择两个。他将之称为金融三元悖论，并探讨了解决方案。这对我国正走向国际化道路的银行来说，不无借鉴意义。

　　本书由张岳令、张楚、赵雪飞三位共同翻译。张楚翻译第2、4章；赵雪飞翻译第3、5章；张岳令翻译其余章节，并最后统稿。由于翻译水平有限，敬请读者批评指正。

张岳令

2015年3月于迪拜

前　言

　　本书论述了国际银行所面临的治理挑战，主要面向学术界（金融与商业）和金融监管当局的读者。国际银行家们也许会发现，本书对于把握这个行业的长期趋势会有所帮助，书中既包含了学术见解，也有政策议题。

　　国际金融体系在带来好处的同时，也容易引发危机。大约50年前，蒙代尔和弗莱明就指出，固定汇率和国家货币政策不能在一个开放的经济体系中与国际资本流动融合。这样的货币三元悖论使得监管当局不得不在三个目标中选择两个。我认为在金融领域我们也面临着同样的权衡，即金融稳定、与监管和处置有关的国家政策不能在同一个开放经济体系中与跨国银行共存。2008年发生的那场金融大危机（the Great Financial Crisis）表明，有关当局并不能有效地处理跨国银行的倒闭，他们往往专注于危机对国内的影响，而缺乏国际金融稳定的宏观视角。

　　虽然我在危机前就已着手金融三元悖论的研究，但在2011年以前没有就整个模型发表过论述。运用博弈论，我建立了金融三元悖论的一个模型，用以解释为何监管机构之间不能合作（Schoenmaker 2011）。金融三元悖论的含义非常清晰。集中管理的国际银行和一国金融监管当局不可能步调一致。地理重叠无法避免。要么跨国银行本土化，要么各国监管当局能摸索出在对跨国银行进行监管和处置时进行有效合作的方式。本书为促进有效合作提供了解决方案。这种合作无论是对欧洲银行，还是新兴的全球系统重要性银行（G-SIBs）来说都是必要的。

关于国际金融体系全球治理最重要的一点是，现有的国际金融组织，如在欧洲的欧洲央行（UCB），以及全球性的国际货币基金组织（IMF）、国际清算银行（BIS），不再将其使命仅仅局限在货币稳定上，而是要促进更广泛的货币和金融稳定。这一点所反映的现实是，各国央行直到最近才意识到货币和金融稳定是同一枚硬币的两面。Charles Goodhart（1988）在他具有启发性的著作《中央银行的演变》中，重新评价了在20世纪80年代占主导地位的货币分析理论，并指出央行在监督商业银行体系方面的发展，正是在履行他们的天职。我认为，国际金融组织对全球系统性银行也应该担负起监管者的职责。

致谢

这本书是与 Stijn Claessens、Charles Goodhart、Jakob de Haan、Richard Herring、Jaap Hoeksma、Christiaan van Laecke、Sander Oosterloo、Arjen Siegmann 和 Casper de Vries 等人合作研究的成果，我十分感激他们。同时我要感谢我的那些在 Duisenberg 金融学院的学生们，包括 Roland Doorduyn、Maes van Lanschot 和 Dewi Werkhoven 等，给我的研究提供的出色的帮助。我那些多年的同事 Age Bakker、Stijn Claessens、Charles Goodhart、Michel Heijdra、Jeroen Kremers、Rosa Lastra、Joseph McCahery 和 Maurice Obstfeld，以及许多匿名评论者，善意地提出了有帮助的评论和建议。当然，本书的任何纰漏与他们无关。我的女儿 Leontien 设计了本书的图和表。最后，我要感谢本书的编辑 Melissa Ruggles。

舍恩马克

目　录

导　言　1

本书的结构　3

第1章　全球金融的治理挑战　6

1.1　治理的挑战　8

1.2　国际政策建议　12

1.3　结　论　22

第2章　金融三元悖论：理论篇　23

2.1　政策合作　25

2.2　金融三元悖论模型　29

2.3　结　论　38

第3章　国际银行的崛起　39

3.1　战略及商业模式　41

3.2　国际银行的实证研究　50

3.3　金融安全网　70

3.4　结　论　72

第4章 金融三元悖论的失灵 73

4.1 潜在的利益冲突 74

4.2 国际银行破产案例分析 77

4.3 结 论 91

第5章 解决金融三元悖论 93

5.1 国际协调合作 96

5.2 合作机制比较 107

5.3 蕴含的道德风险 111

5.4 没有协调合作 115

5.5 结 论 117

第6章 政治经济学 118

6.1 政治家的关键角色 119

6.2 监管者和银行的地位 123

6.3 国家不同,方法不同 125

6.4 结 论 131

附录：核事故的责任分担 132

第7章 全球治理 134

7.1 监管框架 136

7.2 欧洲的治理 142

7.3 全球治理 149

7.4 结 论 156

总结和结论　158

参考文献　163

术语汇总　176

图目录

图1-1 货币三元悖论 9

图1-2 金融三元悖论 12

图1-3 Basel III 资本要求 18

图2-1 国际三元悖论 24

图2-2 单一国家情景下的资本重组 31

图2-3 多国情景下的资本重组 35

图2-4 AIG 的资本重组 37

图3-1 统一模式下的全球银行 45

图3-2 分散模式下的全球银行 45

图3-3 欧洲银行中分行和子行的比例 48

图3-4 国际贸易和银行外汇占 GDP 的比率 52

图3-5 外资银行渗透率 53

图3-6 区域外资银行渗透率 54

图3-7 银行的国际业务 56

图5-1 银行整合与治理 94

图5-2 超国家方法的资本重组 100

图5-3 责任分担下的资本重组 105

图5-4 对所选银行的救助概率 109

图 7-1　负责金融监管和稳定的治理框架　138

图 7-2　负责金融监管和稳定的欧洲机构　144

图 7-3　负责金融监管和稳定的国际机构　149

图 C-1　负责金融监管和稳定的欧洲及全球治理　161

表目录

表1-1   系统重要性银行的资本附加   17

表2-1   囚徒困境下的回报   32

表3-1   2000—2011年美洲最大的15家银行   57

表3-2   2000—2011年亚太地区最大的15家银行   58

表3-3   2000—2011年欧洲最大的30家银行   60

表3-4   2011年美国最大的15家银行   62

表3-5   2011年亚太地区最大的15家银行   63

表3-6   2011年欧洲最大的30家银行   64

表3-7   全球系统重要性银行   67

表4-1   不对称性的几种模式   75

表4-2   六个案例汇总   92

表5-1   囚徒困境下的超国家回报   99

表5-2   囚徒困境下的责任分担回报   106

表5-3   一些欧洲银行经营活动的地理分布   108

表5-4   银行集团的平均相对收益   110

缩　写

AIG　　　　American International Group，美国国际集团

BIS　　　　Bank for International Settlements，国际清算银行

BRICS　　 Brazil, Russia, India, China, and South Africa，金砖五国

CDO　　　 collateralized debt obligation，抵押债务

CDS　　　 credit default swap，信用违约互换

CEO　　　 chief executive officer，首席执行官

CESE　　　central, eastern, and southern Europe，中、东、南欧

CoCo　　　contingent convertible，或有可转换债务

DIP　　　　debtor in possession，债务人占有资产

DM　　　　Deutsche mark，德国马克

EBA　　　 European Banking Authority，欧洲银行业管理局

EBRD　　　European Bank for Reconstruction and Development，欧洲复
兴与开发银行

EC　　　　European Commission，欧盟委员会

ECB　　　 European Central Bank，欧洲中央银行

EDIRA　　European Deposit Insurance and Resolution Authority，欧洲
存款保险和处置管理局

EEA　　　 European Economic Area，欧洲经济区

EFR   European Financial Services Round Table，欧洲金融服务圆桌会议

EMU   Economic and Monetary Union，经济和货币联盟

ESCB   European System of Central Banks，欧洲中央银行体系

ESM   European Stability Mechanism，欧洲稳定机制

ESRB   European Systemic Risk Board，欧洲系统性风险委员会

EU   European Union，欧洲联盟（欧盟）

FDI   foreign direct investment，外国直接投资

FDIC   Federal Deposit Insurance Corporation，联邦存款保险公司

FPC   Financial Policy Committee，金融政策委员会

FSA   Financial Services Authority，金融服务管理局

FSAP   Financial Sector Assessment Program，金融部门评估计划

FSB   Financial Stability Board，金融稳定理事会

FSOC   Financial Stability Oversight Council，金融稳定监督委员会

FX   foreign exchange，外汇

GDP   gross domestic product，国内生产总值

G-SIB   global systemically important bank，全球系统重要性银行

G7   Group of Seven，七国集团

G20   Group of Twenty，二十国集团

IAIS   International Association of Insurance Supervisors，国际保险监督官协会

IIF   Institute of International Finance，国际金融协会

IMF   International Monetary Fund，国际货币基金组织

IMFC   International Monetary and Financial Committee，国际货币与金融委员会

IOSCO   International Organisation of Securities Commissions，国际证监会组织

ISDA　　International Swaps and Derivatives Association，国际掉期与衍生产品协会

LBHI　　Lehman Brothers Holding Inc，雷曼兄弟控股公司

LTV　　loan to value，抵押率

M&As　　mergers and acquisitions，并购

MV　　majority voting，多数投票机制

OECD　　Organisation for Economic Cooperation and Development，经合发展组织

OTC　　over the counter，场外交易

PwC　　PriceWaterhouseCoopers，普华永道会计师事务所

QMV　　qualified majority voting，合格多数投票机制

SEC　　Securities and Exchange Commission，证券交易委员会

SIB　　systemically important bank，系统重要性银行

TARP　　Troubled Asset Relief Program，问题资产救助计划

UK　　United Kingdom，英国

US　　United States，美利坚合众国

WTO　　World Trade Organization，世界贸易组织

导　言

国际银行与国家监管当局之间的关系并不牢固。这种地理上的错配，在 2008 年 9 月那场引发金融危机的雷曼兄弟（Lehman Brothers）倒闭事件中暴露无遗。当时，雷曼是美国的第四大投资银行，在美国以外也有一些主要的经营机构，包括在伦敦的大型机构。2008 年 9 月 13 日、14 日那个周末，美国当局力图拯救摇摇欲坠的雷曼，在种种疯狂举措均告无效后，美国当局做出了一个现在看来是臭名昭著的决定，他们打电话给在英国金融服务管理局（FSA）的英国同行，大致说了以下的话："我们未能成功促成对雷曼兄弟的并购，所以打算在明天亚洲市场开市前让它破产。如你所知，让它破产是我们主权内的事，祝你们好运。"

美国证券交易委员会（SEC）作为美国重要的监管机构，指示雷曼兄弟申请破产。2008 年 9 月 15 日凌晨 1 点 45 分，雷曼兄弟控股公司根据《美国破产法》的第 11 章申请破产保护。虽然美国当局不再支持其控股母公司，他们还是支持雷曼兄弟公司——美国经纪自营子公司，又格外给该子公司五天时间，使其大部分业务得以出售。相反，由于雷曼兄弟控股公司集中管理现金，并在现金流转到国外子公司之前能够宣布破产，导致国外的子公司突然发现自己的流动性不足而无法继续运行。雷曼公司的破产程序在多个司法管辖区发起，包括澳大利亚、日本、韩国和英国等。

伦敦是雷曼兄弟控股公司除了美国以外的最大业务中心，所以大部分问题集中在那里。伦敦子公司（包括在欧洲最大的经纪自营商——雷曼兄弟国际欧洲）申请破产，由普华永道（PwC）担当破产管理人。普华永道面临着 43 000 个正在进行的仍然有效的交易，这需要与每个交易对手单独协商。

由于缺乏国际合作而导致的意外破产倒闭事件，雷曼兄弟不是第一个，或许也不是最后一个。1974 年，一个在全球外汇市场进行交易的德国小银行赫斯塔特银行（Bankhaus Herstatt）倒闭了。1974 年 6 月 26 日，德国当局关闭了该银行，导致其正在从事的外汇交易不能继续进行。赫斯塔特虽然收到了部分用于外汇交易的德国马克，但无法同时支付相应的美元。小规模跨国银行的倒闭引发了相当大的损失，这种情况促使巴塞尔银行监管委员会的成立。

第 4 章完整地介绍了雷曼案例，并强调三个核心问题：（1）全球银行通常由控股公司集中管理他们的关键功能（包括库存）；（2）国家当局只处理波及他们管辖范围内的影响；（3）发生危机时各国很难实现自愿合作。对于第一个问题，起初的反应是要求银行分散他们的关键功能，这样每个国家的子公司都有相应的流动资金和资本，能够保证正常经营。各国监管者越来越倾向采用这种"国家"的做法。对第二个问题和第三个问题，通常要求监管和破产规则的协调，促使各国监管和处置当局撇开他们之间的文化差异而更好地合作。国际社会正努力把这些协调和合作的工作提上重要议事日程。

在本书中，我不同意这些应对措施。首先，因为随着危机的蔓延，当母公司或其主要的子公司陷入困境时，整个银行集团与市场是割裂的。通过一个共同品牌来经营，银行强化了"一个银行集团"这一观念。其次，国家当局总是采取国家的做法进行处置，以求能在法律上和政治上令人信服。非常有意思的是，那个时候在英国金融服务管理局里负责银行监管的是一个美国人，他主张消除文化争论。最后，由于缺乏法律约束力，各国在事后的谈判中很容易推翻条约中约定的责任分担。

相反，我反对上述应对措施的落脚点基于金融稳定、国际银行和国家金融政策这三个目标之间无法协调一致。决策者不得不放弃其中的一个目标，而只能在这三个目标中选择两个。我称之为金融三元悖论（Schoenmaker 2011）。假设选取金融稳定作为目标，政治家不得不在保持国际银行和维持国家自主权之间作出一个基本的选择。除此之外，没有其他选择。

唯一的解决办法是改变地理不匹配的局面。这可以通过两种途径：一是国际银行与国际治理相结合，二是国家银行和国家治理相融合。全球金融在经济层面比较容易，在政治层面则困难较多。

在金融大危机之后，国民以及他们的政治领导人越来越对全球的金融系统失去信心。为什么银行向负担不起利息的人提供次级抵押贷款？一些（大）银行将这些次级抵押贷款变成了风险更高的反向住房抵押贷款支持证券产品，并且不计后果地卖给其他银行，他们是如何做到的？这样的做法又是如何拖垮全球金融体系的？为什么纳税人要为这些行为买单？最近，金融市场开始"攻击"欧元区的外围经济体。"不是投机者，而是市场的力量揭示了基础政策的弱点"，这样典型的经济学家的答案说服不了老百姓。为什么市场以这样一个二进制的方式反映（为什么这些经济体在2010年以前没有风险溢价，之后却有非常大的风险溢价）？是什么让希腊、爱尔兰和葡萄牙在2010年这一年突然完全不同？

这些问题需要向公众解答，以期恢复对金融体系的信任。此外，公民除了国家身份之外还要有跨国身份，这有利于认可全球的解决方案。这样的话也有助于公民继续珍惜全球贸易和跨国生产的好处，并因此更加重视广泛的全球经济体系的关联性。这种跨国意识的培养对解决金融三元悖论来说，是一个真正的挑战。

本书的结构

本书的结构如下。第1章探讨了民族国家在全球化的金融世界中面临的治理挑战。最基本的问题是，当主权还在国家层面界定时，市场和金融机构却在全球范围内经营。同时，还讨论了国际金融改革议程。大幅提高资本金和新的处置标准来加强监管，尽管这种做法很受欢迎，但是，到目前为止的改革却未能对各国的合作提供（有约束力的）激励。

第2章为金融三元悖论提供了一个理论支撑。随着银行国际化兴起，各国监管机构间协调失败的可能性也随之增加。第3章阐述了国际银行业的崛起，既包括主要区域之内，也包括三个主要区域之间。就银行业国际化程度来说，欧洲最先进，亚洲最落后，美洲在中间。本章还阐述了大型全球系统性银行的国际化程度。金融稳定理事会作为新出现的处理国际金融稳定的机构，已经整理出28家全球系统重要性银行（G-SIBs）列表，这28家银行面临着更高的监管要求。

第4章提供了一些国际大银行在金融危机期间倒闭的案例。雷曼兄弟和富通等多数银行的倒闭，看起来与理论模型一致。在实践中，国家之间的合作协调经常失败。

第5章针对金融三元悖论提出了一些基于模型的解决方案。国际上的合作治理机制，还包括替代民族国家的超国家的国际机构。还有一种可选择方法就是责任分担，即根据各国政府的预先承诺进行国际救助的责任分担。

第6章探讨了国际治理的政治经济学问题。财政问题是全球金融国际治理的关键。控制财政资源能为潜在的国际银行救助提供最终的支撑，这也是国际合作的动因。只要财政支持完全是国家层面的，国际合作就仍将是脆弱的。只有存在一个能够集中财政资源的国际治理机制时，国际合作才能有效开展。有效的国际合作冲击了国家主权的核心（如独立征税和编制预算的权力），也触及了公民身份这一根本问题。难道公民只有在他们的民族国家里才能相互支持?或者，我们能否形成跨国身份以在更广的国际层面上进行资源转移?

最后，第7章阐述了全球治理的框架。本书采用了博弈论的理论框架，我们为此提出了一个回溯解决的办法。处置的最后阶段是为监管机构设立激励机制。所以，应将处置和监管同时提高到区域或国际水平。本章概述了将国际清算银行和国际货币基金组织等现有的国际组织转变成治理金融稳定的国际机构的可行性。在区域层面上，欧洲正在考虑设立一个与统一货币相匹配的健全成熟的银行业联盟。本书虽然侧重于跨国银行的治理，但同样的观点或多或少地也适用于全球金融体系中其他部分的治理。

第1章　全球金融的治理挑战

全球银行生存于国际层面，灭亡于国家层面。

默文·金，2009

　　全球金融体系促进全球贸易、跨境货物和服务的交换。有些人甚至会认为，国际金融已经超出了国际贸易的需要。全球金融市场在过去几十年的空前崛起，给我们带来了第二次全球化时代。1870年至1914年的国际金融一体化程度较高，是第一次全球化时代，又由于经济大萧条和第二次世界大战（以下简称二战）而急剧下降。第二次全球化于二战后逐步恢复，到了20世纪80年代开始起飞，就像奥布斯特费尔德（Obstfeld）和泰勒（Taylor）（2004）阐述的那样。第二次全球化在金融大危机开始的2007年达到顶峰，到本书撰写时仍未结束。我们发现，大型国际银行是美国房地产市场崩溃的震荡传送给全球金融和经济体系的罪魁祸首。大量的政府支持，尤其是美国和欧洲的政府支持，是引领国际（和国内）银行度过金融大危机必不可少的手段。

　　大型国际银行的崛起足以与支撑全球贸易的跨国公司相媲美。跨国公司初始阶段以母国为基地进口原料并出口产品。跨国公司在过去几十年间开始转变策略，向外国直接投资并在当地生产商品。同样，大型银行通过在国外建立分支机构（经常以兼并当地银行为手段）进行全球扩张。这些大型银行已经成长为资产负债表上具有高达3万亿美元资产的全球性强大集团，横跨全球金融体系。

经济大萧条和二战后，新建立的国际货币基金组织（IMF）和世界贸易组织（WTO）等国际机构，起到了恢复全球金融和贸易体系的作用。本书的核心问题是，我们需要什么样的体制变革以恢复国际金融的稳定？有些国际机构如新出现的二十国集团（G20）对国际社会政策反应迟钝，各国监管机构在金融大危机之后越来越压缩银行的国家授信额度。

金融危机带来的成本很高。高成本不仅影响银行本身、银行的债权人和银行的利益相关者，还让纳税人和实体经济为此付出代价，金融大危机期间所发生的情况证实了这一点。金融监管的一个核心目标是内化这些负面的外部性，从而为银行提供适当的激励措施来管理和限制其风险，为监管当局提供适当的工具以减少金融体系大范围倒闭带来的影响。一方面，减少个别银行崩溃的随机性；另一方面，在银行破产或金融危机时进行有效的干预，通过这两种方式能够实现监管这个核心目标。由于横跨多个司法管辖区并在全球范围内经营的大型国际银行的兴起，使此目标的实现变得复杂起来。大多数国家监管当局只能对付在其本土陷入困境的银行所产生的溢出效应，对跨境的溢出效应无能为力。英国央行行长 Mervyn King 对此创造了一句名言进行总结："雷曼兄弟的倒闭向我们表明，全球银行生存于国际层面，灭亡于国家层面。"（引自 Turner 2009，36）。

20世纪90年代以来，各国监管当局采取了本质上自愿合作的几种政策，这体现在没有约束力的谅解备忘录当中。这种合作在金融大危机期间失败了。失败的基本原因在于，这种合作一开始就缺乏激励措施和制度框架。为克服这种合作政策的失败，本书探讨了对大型国际银行的监督和处置进行有约束力合作的机制。毫无疑问，这在技术上是可行的，真正的障碍是政治。国家要维护自己的主权，因而并不热衷于共享对本国银行的控制，就算本国银行在全球范围内开展业务经营。

1.1 治理的挑战

国际货币和金融体系给民族国家带来治理挑战。货币与金融稳定是一项公共利益。在当今全球金融市场的环境下，一国政府能够在国家层面上产生这种公共利益吗？

民族国家

合作争论源于享有主权权力的民族国家。1648年《威斯特伐利亚合约》的签署，标志着现代国家的出现。针对中世纪封建制度的许多并发症，政治哲学家如让·博丹（Jean Bodin）（1530—1596）强调主权必须是一个不可分割的整体。民族国家的关键因素是至高无上的主权权力（国家）和民众（民族）文化实体的重叠。民族国家已经成为国家组织的主要形式。尤其是，民主的民族国家已经出现，表现为民众通过选举选出立法机关和/或政府来决定公共政策。一个民族国家的关键象征是国旗、军队及货币。国家和其货币是相辅相成的。尽管每个国家都希望拥有自己的货币以促进（货币）独立，但每个货币都需要一个强有力的主权来担保其信用（Goodhart 1998）。征税的权力（政府的财源）是主权担保的一个重要方面。

在民族国家的威斯特伐利亚体系中，国际力量的平衡依赖于相互承认各自主权和领土完整的边界明确、中央控制的民族国家（Cooper 2003）。在这个系统中，国家是平等的和独立的。各国之间的地位平等，没有必要认可超越国家的权力。经过几百年演变，威斯特伐利亚体系已经成为国与国之间行为的全球标准。Dani Rodrik（2011）在其最近的《全球化悖论》这本书中指出，谈到全球治理时，民族国家依旧是最好的选择。

然而，Padoa-Schioppa（2010）不认可这一观点，并建议要用新的思维阐述国家的概念。在当今全球化的世界，威斯特伐利亚体系中的民族国家之间的国际关系不可能像以前几个世纪那么绝对。国际货币基金组织和世界贸易组织等国际组织在当今全球治理的体系里就发挥了重要作用。本书探讨了国际组织对全球金融体系稳定所能发挥的潜在作用，其中的关键因素是控制财政资源（财政资源一直是民族国家的专属领域），为全球金融体系提供支持。国际货币基金组织是第一个能够控制其成员国财政资源的（尽管是间接的）国际性组织，以此保持全球货币和金融稳定。然而，这种控制受到一定掣肘，在成员国最终决定对陷入困境的国家进行财政支持时，国际货币基金组织有一套复杂的治理结构。

货币三元悖论

说到在全球金融体系面临的合作挑战时，固定汇率在货币方面被认为是不稳定的。芒德尔（Mundell，1963）和弗莱明（Fleming，1962）由此提出了货币三元悖论：（1）固定汇率；（2）国际资本流动；（3）独立的国家货币政策。这三个目标不能同时实现，同时又必须给定一个目标。自然而然地，政府在这三个目标之间进行权衡，并不得不选择其中的两个目标。图1-1描述了货币政策的三元悖论。

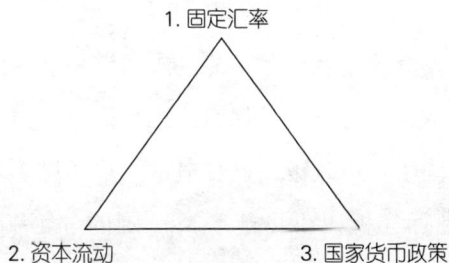

图1-1　货币三元悖论

芒德尔和弗莱明提出了货币三元悖论的理论基础。开放型经济的芒德尔-弗莱明模型描绘出经济的名义汇率、利率和产出三者之间的短期关系。相比之下，封闭型经济模型只侧重于利率和产出两者之间的关系。开放型经济的假设是其模型中的创新，即利率和汇率不能在一个开放型经济模型中单独设置。

该模型有如下含义。假设资本完全流动和汇率固定，一丁点的利率差就会导致无限的资本流动。假设中央银行通过提高国内利率采取货币紧缩政策，全球范围内的投资组合持有者就会利用更高的利率转移他们的财富。他们购买国内资产，容易引起汇率升值，导致央行被迫进行干预，以保持汇率稳定。央行通过购买外国货币以换取国内货币，扭转一开始采取的货币紧缩政策。当国内利率与国外利率持平时，这一干预过程结束。

由此可见，一个国家不能在固定汇率（政策目标1）和完全的资本流动（政策目标2）的环境下追求独立的货币政策（政策目标3）。一国利率不能与全球市场上的现行利率脱节。独立的国家货币政策的任何尝试都会导致资本流动，通过干预使利率水平与全球市场接轨。下面这个简单的公式给出了国内利率（i_d）和国外利率（i_f）两者之间的关系：

$$i_d = i_f \tag{1.1}$$

因此，货币政策的三元悖论是建立在国内外利率之间的套利关系上。全球利率的任何偏差都会对固定汇率施压。只有在这两种情况下，独立的利率政策才成为可能：要么通过资本管制经济"封闭"运行，要么实施灵活的汇率政策。

三元悖论使得全球金融体系下的民族国家相互约束。在此情况下，这种约束使得一个国家不可能同时拥有这三种政策：固定汇率、跨国界的资本流动和积极的国家货币政策。这种惯常的均衡思想表明，对全球金融市场的资本流动进行分析，不可能脱离一国的外汇制度和国内宏观政策（Obstfeld 和 Taylor 2004）。

追求这三个目标在"好"的时代似乎是可行的，但真正的考验却是在危机之时。历史一再表明，除非货币政策足够强势（大量财政储备）且仅用于支持汇率，否则，固定汇率早晚会失败。此外，潜在的经济分歧，比如对经济发展速度意见不一致，也可能导致固定汇率崩溃。因此，汇率目标需要货币政策和宏观政策的同时支持。

不同国家和地区对货币三元悖论采取了不同的方法应对。例如，美国采取浮动汇率和国家货币政策；欧洲在欧元区采取不可撤销的固定汇率并放弃国家货币政策。

金融三元悖论

在金融稳定方面，尼尔斯·泰格森（Niels Thygesen，2003）和我（Schoenmaker 2005）提出了这种可能性，即随着全球和欧洲联盟（EU）金融一体化的发展，金融三元悖论也将随之发展。我们提出这样的问题，在金融一体化大趋势下，各国能够在多大程度上维护自己国内的金融稳定性？然而，我们无法在当下为金融三元悖论提供一个理论基础。之所以缺乏严密的基础，与对什么是金融稳定缺乏一个明确的和一致的定义有关。

在金融三元悖论的第一个模型里，我认为金融稳定与银行倒闭（Schoenmaker 2008）引起的外部性这个概念相关。核心观点是，各国政府与引起国际银行倒闭的跨境外部性并不相容。由于各国政府需对本国议会负责，他们仅关心国内的影响。此外，相对于一个国家的经济规模来说，一些银行太大而没法拯救。随后发生的金融大危机证实了这一点，一国的金融监管和处置（如危机管理）的确无法应对国际银行。

对雷曼兄弟和富通等国际银行危机的应对处理，是国际社会合作协调失败的一个明显例子。美国采取单边行动，独自为美国雷曼经纪人/交易商提供支持，也可以说是按部就班的处置。如何处置雷曼的国外子公司，包括其在英国的主要经营机构，却没有相应的合作协调。在努力救援富通的过程中，比利时和荷兰当局之间尽管对金融持续监管有着长期的合作关系，最终也为此破裂。富通按各自国家的风险敞口进行划分，各国最终耗费巨大的代价对此进行处置。

1. 金融稳定

2. 国际银行   3. 国家金融政策

图 1-2　金融三元悖论

　　这些协调问题引出金融三元悖论（Schoenmaker 2011）的正式公式，即（1）稳定的金融体系，（2）国际银行业务，以及（3）国家金融政策，这三种监督和处置的政策之间是不相容的。三个目标的任意两个而不是三个能够相容；必须给定一个目标。图 1-2 说明了金融三元悖论。国际银行的金融稳定暗示着国家金融政策力不从心，救助银行需要有效的国际合作。本书将在第 2 章介绍完整的模型。

　　到现在为止，我们更多强调的是监管合作。金融大危机表明，对国际政策治理起决定性作用的是处置的最后阶段，这与货币三元悖论相比是个有趣的相似。固定汇率是否稳定得在危机期间经受考验，只有这样才能清楚地看到，国家当局能否抵御来自市场的"攻击"（经常被称为投机者），并维持汇率稳定。同样，金融体系是否稳定得在银行业危机期间经受考验，此时会清楚地看到，国家当局能否合作以解决国际银行倒闭问题。所以，金融三元悖论表明，国际监管合作不能脱离处置当局而独立分析。

1.2　国际政策建议

　　金融大危机发生之后，国际社会提出一些国际政策建议，以修复全球金融体系的薄弱环节。政治家们在二十国集团（G20）率先行动。二十国集团成立于 1999 年，拥有比西方主导的传统集团如七国集团（G7）更广泛的成员，中国、印度、巴西和南非等新兴经济体，是二十国集团的成员之一。①

二十国集团原先的会议限于各国财长和央行行长层面参加。这种状况在金融大危机后有所改变，自2008年11月开始，在部长级和央行行长级大会的基础上，增加了二十国集团国家政治领导人一年两次的峰会。二十国集团正因此推动更多的国际政策议程以及技术委员会的监督程序，如巴塞尔银行监管委员会和金融稳定理事会（FSB）等。

德国的赫斯塔特银行（Bankhaus Herstatt）在全球外汇市场从事交易，尽管规模小，其倒闭却推动了国际金融政策合作协调的开展。1974年6月26日，赫斯塔特银行在德国市场休市之后破产，此时美国市场并未休市。赫斯塔特银行因此收到了部分交易对手进行外汇交易的马克，但无法支付相应的美元。这个小规模国际银行的倒闭给全球外汇市场造成相当规模的损失，并直接促成了巴塞尔银行监管委员会在1974年成立（Goodhart 2011）。

在成立初期，巴塞尔委员会侧重国际银行的监管范围，特别是母国和东道国监管当局的相关责任。这项工作的主要成果是达成了《巴塞尔协议》，协议规定了对海外分支机构的监管原则，第3章对此进行了详细讨论。在后一阶段，巴塞尔委员会设定了最低监管标准，以促进国际银行的公平竞争。主要的结果是众所周知的1988年《巴塞尔资本协议》（Basel I），形成了适用于世界范围内主要银行的单一风险调整后的资本标准。随后于2004年6月发布《修订国际资本框架》（Basel II），允许大型银行利用自己的内部风险管理模型来计算资本要求。

巴塞尔银行监管委员会，是在国际清算银行（BIS）的支持下成立的一个委员会，不具备法人资格。巴塞尔委员会不具备任何正式的超国家的监管权力，其制定的标准亦不具有法律效力。巴塞尔委员会制定并推行宽

① 二十国集团成员国名单包括十九个国家和欧洲联盟：阿根廷、澳大利亚、巴西、加拿大、中国、法国、德国、印度、印度尼西亚、意大利、日本、墨西哥、韩国、俄罗斯、沙特阿拉伯、南非、土耳其、英国、美国和欧盟。

泛的监管标准，这可以看做是软法，由国家当局依靠硬法来组织实施。尽管如此，由于巴塞尔标准已经成为世界各地银行监管的有效标准，该标准具有重要的法律影响力。由于其缺乏法律效力，一旦一国不实施和执行商定的标准并处置危机，巴塞尔委员会无法进行制裁，对财政部长和国家元首也无可奈何（Goodhart 2011）。委员会认为这些领域是主权国家享有的特权。

国际货币基金组织和金融稳定理事会开始填补这一国际空白。国际货币基金组织于1999年推出了《金融部门评估规划》（FSAP），对一国的金融业进行全面和深入的分析。作为《金融部门评估规划》的一部分，国际货币基金组织对世界各国在多大程度上遵守金融部门的有关标准和规范，包括巴塞尔标准，进行了详细的评估。应该提及的是，《金融部门评估规划》刚开始是在自愿基础上进行的。在美国和中国准备将他们的金融系统提交给国际货币基金组织进行评估之前，爆发了金融大危机。《金融部门评估规划》这个项目启动十多年后，美国和中国才在2010年和2011年分别开始实施《金融部门评估规划》。最后，作为国际货币基金组织监督的强制性要求，亦即开展《金融部门评估规划》规定的金融稳定评估，国际货币基金组织于2010年开始实施，对依据金融部门的规模和全球互联性而认定为系统重要性的全球25个大国，每5年做一次评估。

金融稳定理事会是由七国集团在1999年以金融稳定论坛的名义成立的，目的是促进国际金融稳定。在金融大危机爆发后不久，二十国集团的国家和政府首脑将之从七国集团接管过来并将论坛升格为董事会，赋予金融稳定理事会法人资格（根据瑞士法律建立的协会），增强其能力。二十国集团采取循序渐进的方式对金融稳定理事会进行制度化，第一步是赋予其法人资格。二十国集团认为，在当前形势下，基于条约成立的国际组织不是一个合适的法律形式（金融稳定理事会2012A），金融稳定理事会因而也不会像国际货币基金组织和世界贸易组织那样是一个完全成熟的国际组织。但是由于二十国集团政治领袖的强力支持，强化了金融稳定理事会作为一个国际组织的权力和地位。金融稳定理事会包括下列特殊职责：

- 评估影响全球金融体系的漏洞
- 支持跨境危机管理的应急预案
- 通过监控促进成员实施商定的标准

这些任务还是比较适中的，能够使金融稳定理事会推动而不是领导和指挥国际合作。

改革议程

金融大危机凸显了对复杂的系统重要性金融机构进行救助的巨大成本，系统重要性机构通常被认为"大而不能倒"。总之，大而不能倒的学说因为政府对金融危机的处理得到了加强。结果，最重要的监管改革计划都集中在如何减少"大而不能倒"问题上来。也就是说，如何能减少道德风险和控制预期的对全球系统重要性银行（G-SIB）的未来救助？以加强金融稳定为目的的主要改革计划包括两个方面：

1.大幅增加资本减少倒闭的概率。

新的Basel III资本框架提高了资本的质量和数量，从而获得更高水平的核心资本。此外，对全球系统性银行来说还有一个附加资本。目标是将银行系统性倒闭的外部性内在化，从而更好地保护纳税人以抵御将来的任何公共救助。

2.降低全球系统性银行的系统性倒闭带来的影响。金融稳定理事会发布了《金融机构有效处置框架的关键要素》（Key Attributes of Effective Resolution Regimes for Financial Institutions）。核心条款是其事前起草的恢复和处置计划，一旦一家银行陷入困境即可适用。在不过分增加纳税人负担的前提下，这些计划允许全球系统性银行倒闭，或者至少有序平稳地清盘。

这两种因素可以相互支持，从而减少潜在的"大而不能倒"的问题。改革议程还包括其他因素：加强实际监管，将场外衍生交易移至中央结算

（降低交易对手风险），弥补证券化规则不足（加强风险管理），加强对影子银行体系监管和监督（扩大监管范围，包括信用中介在内的所有金融机构），以及采取宏观审慎框架和工具（预防/缓解资产价格上涨和顺周期微观审慎规则）等。这些其他因素不在本书讨论的范围内。

加强资本和流动性控制

很多银行在金融大危机时资本严重不足。有些监管资本（比如次级债）未能吸收损失。监管当局担心出于恐惧而将损失强加给次级债券持有人，会在金融体系中进一步蔓延。此外，银行一直通过分红和股票回购给股东大量回报，这种行为一直持续到 2008 年年初，直至发生金融大危机才被迫停止。

Basel III 资本改革的主要目的是提高资本的质量和水平（巴塞尔银行监管委员会 2010a），特别强调依靠普通股权益（即股东权益，包括储备）来消化损失。普通股的最低比例提高到风险加权资产的 4.5%，再加上一、二级资本的 3.5%，总资本的最低金额要求为 8%。其次，资本留存缓冲，包括 2.5% 的普通股，加上对银行酌情分配约束，如股息派送或股票回购。此外，在经济环境向好时建立从 0 到 2.5% 的逆周期资本缓冲，以在经济衰退时使用。逆周期缓冲是为了稳定在经济体中的信贷供给。

对于 G-SIBs，要求有一个额外的附加资本金。这些全球系统性银行必须有较高的损失吸收能力，来反映他们对全球金融体系构成的较高风险。G-SIBs 的附加资本金为 1%~2.5%，具体比例取决于一个银行的系统重要性（金融稳定理事会 2012b）。G-SIBs 保留了 3.5% 的附加资本金，以预防其将来系统重要性的增长。表 1-1 显示 G-SIBs 的附加资本金。第 3 章介绍了确定 G-SIBs 的评估方法并列出目前 G-SIBs 的明细。

图 1-3 概述了 Basel III 框架下的新资本缓冲：资本留存缓冲、逆周期缓冲，以及 G-SIBs 的附加资本金。此外，除了这些资本要求，监管当局可以要求额外的资本，以覆盖监管审查过程中的其他风险（如 Basel 资本

框架下第二部分核心内容）。新的 Basel III 资本规则从 2013 年到 2019 年分阶段逐步实施。

表1-1	系统重要性银行的资本附加
类别	G-SIBs 的每个类别
1（1.0%）	中国银行 西班牙对外银行 法国大众银行 法国农业信贷银行 荷兰商业银行 瑞穗金融集团银行 桑坦德银行 法国兴业银行 渣打银行 道富银行 三井住友金融集团 意大利联合信贷银行 富国银行
2（1.5%）	美国银行 纽约梅隆银行 瑞士信贷集团 高盛银行 三菱 UFJ 金融集团 摩根士丹利公司 瑞银苏格兰皇家银行
3（2.0%）	巴克莱银行 法国巴黎银行
4（2.5%）	花旗集团 德意志银行 汇丰银行 摩根大通公司
5（3.5%）	空

注：FSB 根据银行的系统重要性实施资本金附加。FSB 采用从 1% 至 3.5% 的 5 个类别（金融稳定理事会 2011b）。

Source：Financia（Stability Board）（2012b）.

二级资本	?%	〕其他风险的附加资本金
G-SIBs 附加资本金	1%~2.5%	G-SIBs 的附加资本金
逆周期缓冲	0~2.5%	仅仅在繁荣时期的附加缓冲资本金
资本留存缓冲	2.5%	附加的缓冲资本金
总资本的最低金额	8.0%	最低资本金

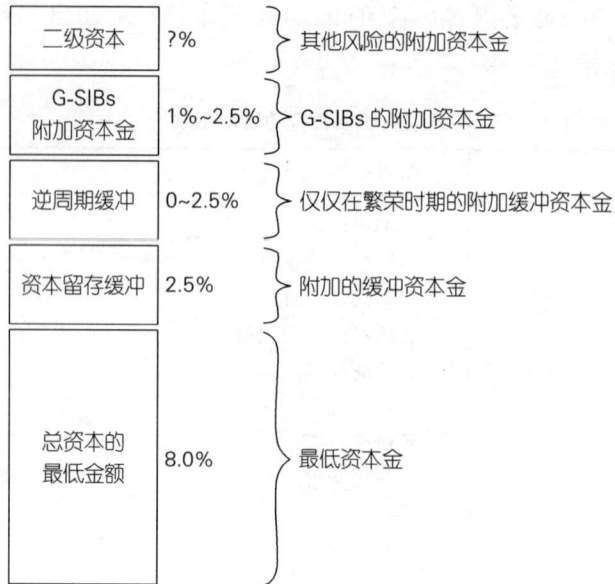

图 1-3　Basel III 资本要求

　　Basel III 资本框架还存在一个问题，即银行资本中的风险加权资产不成比例。根据 Basel III 的规定，现在仍然是 Basel III 的规定，允许银行运用他们自己的内部模型来计算不同类别资产的风险权重。因此，银行倾向于低估资产的风险度，以减少资本比率。IMF 最新的研究报告指出，不同的银行和国家计算风险加权资产时存在相当大的差异，这可能会破坏巴塞尔资本框架（Leslé 和 Avramova 2012）。为了解决这种偏差，Basel III 引入了杠杆比率，杠杆比率是传统上的基于风险的资本要求的支撑。杠杆率的计算公式为一级资本除以总资产（所以没有风险权重），并要求所有的银行达到 3%。杠杆比率是一个大致的措施，以确保在整个银行系统有足够的资本，并限制银行资产负债表（一个给定量的可用资本）的增长。虽然这与 G-SIBs 将附加资本金运用到杠杆率相一致（例如全球系统性银行杠杆比率为 4%），巴塞尔委员会还没有决定这样做。

Basel III资本要求

银行在金融大危机时也缺少流动性。当整个系统失灵的时候，银行没有足够的自由流动的资产。此外，银行严重依赖短期大规模融资作为他们的长期资产，造成大量的流动性错配。Basel III引入了流动性覆盖率，要求银行有足够的高质量流动性资产，以禁得住30天的资金压力测试。还引入了净稳定融资比率，是旨在解决流动性错配的一个长期的结构比率。后者的比率涵盖了整个资产负债表，并鼓励银行使用稳定的资金来源。

有效处置

在金融大危机期间，对国际银行的处置是困难重重。一些国家缺乏有效的国家处置机制。此外，由于国家的处置程序差异很大，使国际处置更加复杂化。第4章详细讨论了一些主要国际银行的倒闭。金融大危机的最大教训是，任何金融机构无论规模大小，如果其陷入困境，全球需要一种手段去处置。因此，政策议程中当务之急是建立一个有效的处置框架。金融稳定理事会发布了《金融机构有效处置框架的关键要素》（简称《关键要素》，2011a）。

首先，《关键要素》要求国家司法机关授权处置当局拥有范围广泛的权力，干预和处置岌岌可危的金融机构。这些干预权力能使处置当局下令进行业务转移和债券融资资本重组（"内部纾困"），在重组过程中按先后顺序向股东和无担保债权人（如债券持有人）分配损失。因此，股东及债券持有人应该在进行公共援助前消化损失。英国、美国、日本、德国、荷兰和瑞士等一些国家，开始实施特殊的处置制度，本书第6章会讲到这一点。

其次，国家司法机关应移除跨国合作的障碍，为处置当局提供相应的鼓励措施和法定授权以共享跨国信息。考虑到一个金融机构的倒闭会影响所有司法辖区的金融稳定，所以应该形成一个协作的解决方案。《关键要素》的目的是实现共享信息和达成协作解决方案，这虽然值得称道，但金融稳定理事会未能规定如何有效地合作（见下文）。

最后，《关键要素》对全球系统性银行有两个特殊的要求。首先是恢复和处置方案要适用所有的G-SIBs。一旦再发生危机，这些恢复和处置方案要模拟出银行或监督/处置当局所能采取的行动。这些方案给相关银行提供信心化解风险，避免流动性危机，或在最坏的情况下，以负责任的方式清盘，有助于避免引发系统性风险事件。真正的挑战是，如何形成一个具有公信力的整体处置方案而不是一系列国家的个别处置方案。

从整个集团的角度考虑，另外一个要求是对所有的G-SIBs建立一个涵盖国内外的危机管理团队。这些团队应由一定的制度来支持，这些制度就是特定的跨界合作协议。同样面临的挑战是，如何制定合适的措施激励母国和东道国当局合作。

合作的激励机制

在金融危机的冲击下，国际治理得到显著增强。负责制定国际银行业标准的巴塞尔银行监督委员会现在从两方面得以加强，一是政治层面的二十国集团，二是处置方面的金融稳定理事会。这提高了对国际银行进行监管、监督和处置等方面的质量和监管标准。二十国集团对各国实施国际标准加强监督，促进了国家标准的统一，减少不同国家之间的利益冲突。尽管理论上标准越统一越有利于国际合作，但实践中也许并不需要。

再下一步需要促使合作的实际发生。巴塞尔关于监管合作的协议，规定了母国和东道国在监管国际银行时的监管责任分配，但是如何加强合作或激励所谓监管团之间进行合作，协议没有安排一个机制。巴塞尔协议公布了上百个谅解备忘录来协调监管工作并共享跨国信息。最近，一些谅解备忘录已扩大到包括危机管理、建立（跨境）危机管理团队等。签署主体的范围不限于监管当局，也包括中央银行和财政部（参见多种的欧盟谅解备忘录）。但谅解备忘录是基于自愿的基础上签署的，因而具有软法的性质。谅解备忘录中标准格式的最后条款通常特别指明，所讨论的本协议没有法律约束力，从而维护国家监管当局的主权。克莱森斯（Claessens）、赫林（Herring）和舍恩马克（Schoenmaker）（2010）曾调侃地指出，这些谅解备忘录在危机期间都没能发挥作用（参见第4章）。

到目前为止，国际政策建议强调用软法的方法来解决全球银行业的治理挑战（Brummer 2010；Alexander 和 Ferran 2011）。加强监管和处置的新建议继续以软法为基础，靠监管团和危机管理团队来促进（而不是强令）母国和东道国当局之间的合作。考虑到金融危机期间所经历的一切，这种做法多少有点令人失望。

经验表明，信息共享协议很可能会在危机时期引发争论。只要有可能，坏消息就会被封锁。巴克斯特（Baxter）、汉森（Hansen）和萨默（Sommer）（2004，79）指出："一旦银行的状况变差，监管者对监管方面想得不多，更多的是想如何保护债权人。这会在监管者之间引发冲突。"例如，日本监管当局不愿与美国当局分享他们在大和纽约分行交易损失中的信息。大和纽约分行一位交易员从1985年至1996年，在长达11年的期间里从事一系列未经授权的交易，损失高达12亿美元。从交易员最终坦白交代及母国日本当局知晓，到与东道国美国当局共享信息，足足拖了两个月。这仅仅是母国当局不愿与东道国政府及时分享信息的众多例子之一（见第4章的案例研究）。

银行管理者往往也不愿向监管者透露坏消息，因为他们希望问题自己会烟消云散（一厢情愿），他们担心会因此失去自由裁量权进行处理（事实上，有可能失去工作）。同样，首要的银行监管机构也不情愿与其他监管机构分享坏消息，他们担心坏消息的泄漏可能会加速流动性危机，或担心其他监管机构可能采取行动，而限制首要监管机构酌情处理问题或者对问题保持克制的态度。只要银行有可能自我改正，尤其是如果选择关闭银行，首要的银行监管机构会酌情克制。关闭银行的决定一开始肯定会受到质疑，所以监管机构倾向于克制，直至损失大到不可能对该银行资不抵债有合理的怀疑，才会决定关闭银行。此外，损失如果蔓延至国外，就会加剧母国和东道国政府之间的冲突，难以对破产银行进行合作处置。因此，国际合作往往是在最需要的时候恰好破裂（Herring 2007）。

1.3 结 论

全球金融体系给民族国家带来相应的治理挑战。所面临的基本问题是，尽管主权只能在国家层面上规定，市场和金融机构却在全球范围内运行。监管机构、中央银行、处置机构和财政部等金融监管当局，由于是依据国家立法获得职责和权力，自然以国家为基础行使职责。全球金融参与者和国家金融监管当局之间的地理范围不匹配，会造成重大的合作挑战。

三元悖论是一个强有力的概念，指出三个政策目标只有两个可以同时实现；必须给定一个目标。货币三元悖论说明了在货币领域的合作挑战：（1）固定汇率；（2）国际资本流动；（3）国家的货币政策。这三者是不兼容的。货币三元悖论由一个理论模型支撑，在学术期刊的论文里以及在标准的宏观经济学教科书中很容易阐释。

如果我们转向金融稳定，金融三元悖论阐释了一个新的合作挑战，并在金融大危机中得到验证，即：（1）稳定的金融体系；（2）国际银行业务；（3）国家金融政策。这三者也是不兼容的。金融三元悖论是新现象。本书的目的是对金融三元悖论进行清晰的、可靠的阐述，并对全球银行业的治理挑战探讨了替代解决方案。下一章将阐述金融三元悖论的理论基础。

第 2 章　金融三元悖论：理论篇

没什么能比一个好的理论更加实用。

伊曼努尔·康德

国际治理一向是学者和政策制定者所偏爱的话题。三元悖论作为一个强大的工具，可以高度概括国际政策协调中所面临的挑战及相互妥协。洛德里克（Rodrik，2000）对国际环境中三元悖论的一般性作用做了一个清晰的概述。随着国际经济一体化进程的深入，民族国家的决策只能在一个较窄的领域内实施，而国际间的政策合作，类似于全球联邦制的制度安排会不断增加。如果要充分保持民族国家的活力，只能以牺牲进一步的经济融合为代价。

图 2-1 阐述了洛德里克的国际三元悖论。与标准三元悖论一样，这一理论同样描述的是一个国家至多只能达成三个目标中的两个：国际经济一体化、民族国家和大众政治。民族国家是指在一定领土管辖范围内，具备独立制定和行使法律的权力实体，而大众政治则指的是公众能对政府政策施加影响的政治体系。

贸易政策领域可作为一个很好的例子来说明国际三元悖论是如何发挥作用的。促进国际贸易最有效的方法是在全球范围内实行联邦制。全球联

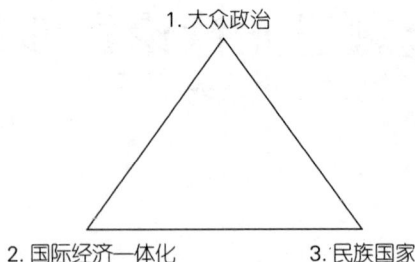

图 2-1　国际三元悖论

Source：Rodrik.

邦制将各个司法管辖区通过市场联合起来，并产生了"移除边界"的效果。以美国为例，尽管各州之间监管和税收差异一直存在，但统一的宪法、政府及联邦司法的存在，可确保市场是真正全国性的市场。欧盟，尽管不是一个完全的联邦系统，在某些层面还是采用了联邦政策，如贸易、竞争和货币政策。

在全球联邦制模式之下，依照美国或欧盟体系，那些在经济上行之有效的部分会在全球范围内被组织起来。国家政府不一定会消失，但其权力会因超越国家的立法、执法和裁决机构而受到严重限制。一个世界政府将管理世界市场。同样以贸易政策为例，世贸组织的作用就是制定在各民族国家间通用的全球贸易准则。

洛德里克（2000）强调，全球联邦制不是实现完整的国际经济一体化的必由之路。另一种方法是在很大程度上保持民族国家体系，但要确保国家司法机构不要干涉经济交易。民族国家的首要目标是尽可能在国际市场上显现出吸引力，国家司法是促进国际贸易的工具而非障碍，一个国家所提供的公共产品应该能与整合后的市场相兼容。

金融三元悖论的关键问题是，在何种程度上，民族国家能提供有助于国际金融稳定的公共产品。如果这是不可能的，我们是否需要在金融领域，于区域（美洲、欧洲或亚太地区）或全球的层面建立某种类似于世贸组织的机构？国内政治只能在很窄的金融领域内发挥作用。本章首先会回顾有关国际政策协调的大量文献，然后建立一个简单的模型来理解金融三元悖论。

2.1 政策合作

有许多关于金融领域国际政策协调的文献。总的来说，基本可分为三大流派。第一个流派提出发展超国家的解决方案，如国际最终贷款人（Obstfeld 2009，2011；Fischer 1999）或世界性的金融监管机构（Eatwell 和 Taylor 2000）。银行运营的国际化使得国家中央银行在扮演最后贷款人的角色时，职责边界变得模糊起来。一国央行的行为会对他国金融市场产生影响，尤其是通过潜在影响汇率的方式。在全球衰退的情况下，类似行为如果被各国央行效仿，会进一步加剧世界市场的不稳定。奥布斯特费尔德（2009）认为，国际货币基金组织可以起到最终贷款人的关键作用。

最近，奥布斯特费尔德（2011）也强调了流动性支持在财政上的维度。每个央行背后都有一个政府来保证其偿付能力。虽然央行可以没有限制地借出资金（即假设它作为最终借款人可无限提供支持），其吸收损失的能力还是受限于他们的资本。因此，政府是保证这种借款能力的资本的提供方。最近的经验表明，银行业的问题能迅速演变成大的财政问题，进而对国外金融机构产生外部效应。这对于任何全球化的金融体系而言都是问题，而不仅仅局限于采用共同货币的欧元区。

首先，在联合财政支持下，提供联合的最终借款人支持，需要建立金融监管和执法的共同框架。国际监管体系必须对几种形式的道德风险提供一个强有力的制动机制。其次，只有在如何应对跨国银行方面有清晰的指南，并对所产生费用有分摊机制的情况下，密切的国际监管合作才可产生作用。欧元区关于各国监管各安其职的失败尝试为此提供了一个生动的例子。为应对国际性银行带来的、跨越国界的外部效应所导致的终极后果，伊特威尔（Eatwell）和泰勒（Taylor）（2000）提出环球金融管理局的解决方案，只有这样一个全球性的机构可以内化这些跨境外部效应。

同样，莫施利安（Moshirian，2008）解释了为何需要建立一个全球性的制度性框架来支持国际性银行。第5章和第7章为国际性的机构提供了几种解决方案，并比较了各种方法的有效性。重要的是，对用来限制道德风险的相关机制也进行了评价。单个国家的金融政策，被一个国际性的方式所取代。因此，就金融三元悖论而言，第三个目标——国家金融政策，显然是被放弃了。

文献的第二个流派则强调通过对跨境流动的限制将市场分割开来。艾肯格林（Eichengreen，2004）认为国际金融自由化能够积极影响资源分配的效率和经济增长的速度。但近来以及历史经验也表明，资本流动性和危机之间有不可否认的关联，尤其是当一国金融机构比较脆弱，对资本账户自由化和其他政策革新之间的协调不够充分的时候。

与第一个流派不同的是，艾肯格林（2002）表示，通过官方向国际货币基金组织融资，与在国家层面向央行融资一样，是所产生问题的一部分。国际货币基金组织的金融援救措施让投资者得以没有损失地逃离，事实上是变相鼓励他们在没有充分考虑到风险的情况下放贷，这使得国际金融体系更容易走向危机。因此，像建立国际性最终借款人这样的解决方案，所产生的问题远比所能解决的问题要多。艾肯格林建议限制跨境流动，在陷入困境国家的制度和政策环境得到加强、公司治理和监管这样基础性的框架得到充分的提升，以及银行和企业可以管理自己的风险之前，应出台相关政策限制其对外借款。在机构能力得到提升后，可以开放外国直接投资，并随之开放股票和债券市场，这时银行才能被允许向境外借款。

就跨国银行而言，可以通过构建一个个资本充足的子公司组成的网络来实现市场分割。单独设立的子公司在没有跨境转移的情况下，需要维持更高水平的流动性和确保资本充足。切瑞蒂（Cerutti）和他的共同执笔者（2010）认为，金融危机对那些活跃的跨国银行所实施的资本和流动性集中管理形成了挑战。这引发了人们对跨国银行应有的组织和监管安排的争论,尤其是跨境转移,应该执行母国还是所在国的监管限制。换句话说,是否对银行的海外业务筑起"围栏"?

切瑞蒂和共同执笔者(2010)提供的观点既有支持也有反对围栏原则的。那些支持跨国银行集中管理而非围栏方式的,主要基于效率和金融稳定的考虑(例如,分散经营可抵御特定国家的金融冲击)。从跨国银行的角度来看,其在分支机构间自由调配资金的能力对收益最大化至关重要,而且跨国银行也能从东道国的经济成长中获益。如德哈斯(De Haas)和范莱利维尔德(van Lelyveld)(2010)就指出,跨国银行吸引流动性和筹集资金的能力,让他们得以在自己的银行内部建立资本市场。这种内部资本市场可以为其子行提供更好的资本和流动性入口,显然好过让他们单打独斗,而且这也有助于减少在经济下行时缩减信贷规模的压力。

不过也有赞成围栏原则的观点。对于东道国监管者来说,围栏原则主要是基于维持宏观金融稳定的考虑,如需要保护国内银行系统不受跨国银行负面溢出效应的影响。反之亦然,母国监管者可能希望能够限制海外风险敞口对母行的影响,这可以通过要求单独注资的海外子公司在所在国解决资金来达成此目标。通过有限责任这样的制度安排,母行的风险仅限于其在国外子行注入的资本。

最后,在金融危机期间,处置跨国银行集团的困难以及缺乏有关责任分担的机制表明,要求跨国银行集团子公司具备更强的资金自给能力是必要的。一旦采用独立子行的架构,金融三元悖论的第二个目标,即跨国银行便被放弃了。

文献中的第三个流派则倾向于限制公共干预来实现金融稳定,以及强化国家政策执行市场纪律的能力(Rogoff 1999)。这个观点认为政府干预过度增加了道德风险。1970—2011年期间,政府救援产生的直接平均财政成本是国内生产总值的7%左右(Laeven和Valencia 2012)。这表明设立一个最终借款人以及更广泛的政府支持不可能是免费的午餐。此外,这些救市措施转移了债权人风险或成本，从而导致资本流动性增加。这会导致进一步的冒险，反过来又可能形成更大的一轮违约。

除了道德风险问题，罗格夫（Rogoff，1999）认为，在有了最后贷款人的情况下，依然有不稳定因素。他提出了私营部门应对银行挤兑的办法，如签署同业信贷协议来应对恐慌。银行挤兑可能代表多重均衡的实现这一概念应该受到挑战。如果储户不能区分暂时的流动性问题与更深层的偿付能力问题之间的区别，多重均衡，包括所有存款人（或投资者）一起运行的平衡是可能发生的。罗格夫指出，少量私人信息的引入可以消除多重均衡的问题。政府政策通过影响透明度和信息传播，可以比通过引入最后贷款人这样的手段更有用。

罗格夫（1999）对那些宏大计划的批评更甚，如建立一个跨国家的最终贷款人，因为他们将焦点过度集中于如何根治银行过度依赖债务融资，以及银行所扮演的借款人和贷款人的中间人角色上面。相反，罗格夫认为权益融资应该上场，以减少对过度债务融资的需求。目前，为债务融资和权益融资提供的比赛场地是不公平的，如利息支付可以抵扣公司税金，而股息支付则不允许。在一个理想的世界中，权益融资和直接投资将发挥更大的作用，债务融资（杠杆）将相应变小。这一点从工业化国家处理股市价格重大变化的从容性可以窥见。随着债务与股本之间取得更好的平衡，风险共担程度大大提高，金融危机随之销声匿迹。

总之，罗格夫（1999）认为，官方干预并不总是对实现金融稳定有帮助。相反，它可能引发道德风险。因此，政府部门不应该通过干预的方式来追求金融稳定。因此，在金融三元悖论中，金融稳定作为第一政策目标被放弃了。

本书论点应属于第一个流派，即建立一个全球性的框架。之所以如此，有以下几个原因。首先，跨国银行业务的协同效能得以保持。相较资本集中管理的跨国银行，在每一个国家设立独立子行的方式固然会使流动性和资本充足保持在一个较高的水平，但这会导致企业和消费者借贷成本上升。其次，通过分散化效应，跨国银行可以减弱金融冲击的影响，但近期的金融危机也凸显了跨国银行在将金融动荡从一国传导到另一国中所起的作用（Schoenmaker 和 Wagner 2011）。最后，防范道德风险固然是重要的，但历次金融危机表明，政府干预在迅速解决金融危机和恢复经济增长方面是有成效的。我从罗格夫的观点中学习到的是，政府干预应匹配适当的政策来限制道德风险（见第5章）。

我的贡献是，提供了一个模型来分析金融三元悖论中不同解决方案的效率。金融三元悖论的基本模型将在本章的剩余部分阐述。第5章会对各种解决方案逐一论述。

2.2　金融三元悖论模型

首先，金融三元悖论模型需要对金融稳定进行定义。虽然我们事后知道危机中出了怎样的问题，但事前界定金融稳定并非易事。如何在实现经济增长和效率并降低金融不稳定之间权衡取舍并未被完全理解。因此，对金融当局而言，金融稳定仍是一门有关平衡的艺术。金融稳定与系统性风险密切相关，后者经由一个事件触发，会造成金融体系中的核心部分经济价值和信心的丧失。对金融体系的这种破坏，严重时足以对实体经济产生显著的负面影响。

德班得特（De Bandt）和哈特曼（Hartmann）（2002）对系统性风险这个概念进行了广泛的讨论。一个关键因素是，相当多的金融机构或市场受系统性事件的影响。与此类似，阿查里雅（Acharya，2009）将金融危机定义为系统性的，如果许多银行一起倒闭，或者一家银行倒闭，恐慌蔓延后引发多家银行倒闭（参见 Allen 和 Gale 2000a《论危机蔓延》）。在阿查里雅的模型中，银行的集体倒闭源于资产收益的相关性。他认为，危机蔓延会导致一个经济体中的总投资下降。

基本模型

金融三元悖论在博弈论模型框架内建模，模型的基础是弗雷克斯（Freixas，2003）和舍恩马克（2011）为分析银行倒闭的系统性影响所建立的模型。在这个模型中，政策工具 t 是当局（财政部或中央银行）对一家倒闭中的银行进行资本重组所注入的资金。该模型考虑了事后决定是否对一家陷入困境的银行进行资本重组或清算。变量 x 表示选择继续或关闭银行，取值在{0,1}的区间内，1 表示资本重组，0 表示关闭。

接下来，B 表示资本重组的社会效益，C 表示成本。除其他事项外，如之前所述，资本重组的社会效益可能包括因维护金融稳定、避免危机蔓延而获得的效应。较小字母表示特殊银行倒闭事件（例如巴林银行），将不构成系统性问题。如让该银行持续经营的成本是 C_c，令其倒闭的成本是 C_s，模型只处理两者之差值，$C = C_c - C_s$。

单一国家情景

金融当局对破产银行进行干预的社会总福利大于净成本：B>C。这个条件是至关重要的。在涉及银行问题时，私人部门的解决方案是最优选项，这样可以减少道德风险。只有当私人部门不能够有效处理已经出现的金融危机，当局才决定采取适当的行动。如果外部性是有限的（B 很小），那么银行应该关闭。只有当外部性大于注资境况不佳的银行的成本时，即 B>C，当局才应该进行资本重组。

图 2-2 显示了在一个单一国家情景中的注资决定。实心对角线代表收益和成本是相等的：B>C。在这种环境中，所有的利益都与决策相关。当收益大于成本（B>C）时，资本重组 $x^* = 1$ 是最优策略。注资（重组）可见图 2-2 中的 B 区。如果收益较成本小（B<C），银行应关闭，即 $x^* = 0$,即图中 A 区，这时没有注资。

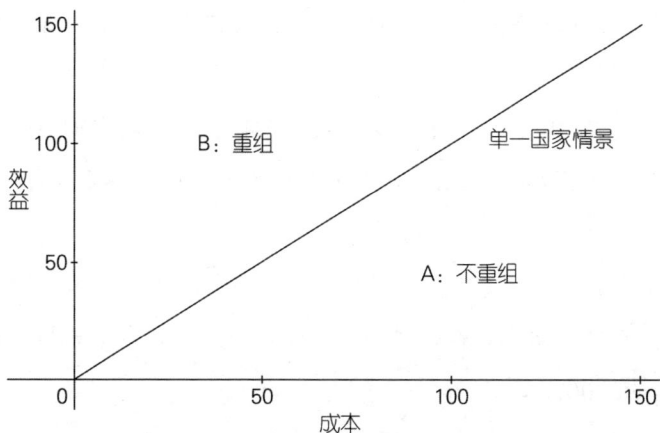

图 2-2　单一国家情景下的资本重组

注：x 轴表示成本 C，y 轴则表示效益 B。实心对角线表示收益与成本相等：B=C。B 区表示重组而 A 区则表示不重组。

多国家情景

在多国环境下，社会效益可以分解为在本国的利益，用 H 表示，α_h 表示利益分数。而在国外的效益则由 F 表示，分数 $\alpha_f = \sum_{j \in F} \alpha_j$ 表示国外效益总和，而 α_h 和 α_f 和为 1。跨国银行的重组只能基于如下假设，即从不同的国家，在自愿基础上筹集到足够的资金。这是弗雷克斯（Freixas，2003）提出的所谓即兴合作。不同的国家举行会议，寻求为银行重组各自愿意注资多少，以 t 表示。如果他们愿意支付的总金额高于成本，则银行会被资本重组。

单个国家 j 的最优决策是下列公式的最大值：

$$x^* \cdot (\alpha_j \cdot B - t_j) \tag{2.1}$$

于是

$$x^* = \begin{cases} 1 & \text{如果} \sum_j t_j - C \geqslant 0 \\ 0 & \text{如果} \sum_j t_j - C < 0 \end{cases} \tag{2.2}$$

j 国在这场比赛中唯一的选择变量是其所作贡献的大小，即 t_j。公式

2.1表明 j 国能通过减少它的贡献,最大限度地获取效益。如果每个国家都对资本重组做最小的贡献,会导致很难筹集到足够资金来覆盖成本(公式2.2)。这场游戏中,每一个国家都会宣布其贡献,具有均衡的多重性。特别是,如任由银行倒闭,$t_j=0$,$x^*=0$ 即是均衡之一,假设没有国家 j 的话。

$$\alpha_j \cdot B - C > 0 \tag{2.3}$$

公式2.3表示,没有一个国家愿意出资参与资本重组,因为每个国家的获益比整体成本小。在这种情况下,每个国家基本上都将其贡献降低至零(Barrett 2007)。

囚徒困境

在继续对模型的技术细节进行探究之前,将国家的战略举措解释为囚徒困境这一理论的应用会有所帮助。首先,我们需要认定在这场重组游戏中所获得的回报。假设重新注资一家境况不佳的银行成本是100,而好处是120,进一步简单假设无论是成本与效益均在两国 A 和 B 间均摊。上述假设均成立的话,可以计算出表2-1中的回报。如果这两个国家分别贡献50参与注资,则各享受60金融稳定的利益,所以净回报是每个国家享受的利益(左上框)+10。

表2-1　　　　　　　　　　　　　　囚徒困境下的回报

	B国出资 (合作)	B国拒绝 (拒绝)
A国出资 (合作)	每个国家收益+10	A 损失 −40 B 收益 +60
A国拒绝 (拒绝)	A 收益 +60 B 损失 −40	每个国家损失

接下来,如果这两个国家拒绝出资,重组发生不了,两个国家则遭受金融危机。每一个国家放弃了60的好处,但也避免了50的成本。现在净回报是-10(右下框)。最后,如果 A 允诺贡献而 B 拒绝,那么 A 要支付

100的全部费用。金融的稳定利益依然是每个国家60（记住，金融稳定是一项公益事业，所以无论哪个国家做出贡献，各国享受到稳定的金融体系所带来的利益）。A国的利益为-40，B国的利益是+60（右上框）。作为对称游戏，在左下框的利益也能相应产生。

　　囚徒困境的核心思想是，两名玩家始终无法协调。在传统的囚徒困境里，警方把两名犯罪嫌疑人关押在单独的囚室。因此，每个玩家在不知道另一方会做什么的情况下做出决定。在我们的例子中，对A国最理想的始终是拒绝做出贡献（方程2.3的情况）。在B国做出贡献的情况下，拒绝保证了+60的最大奖励。B拒绝的话，A通过拒绝依然可确保-10的回报，因此A无论B怎么做都会拒绝。作为对称的游戏，B国也会以同样的方式行事。因为这两个国家做出了理性选择，减少自己对资本重组的贡献，所以每个国家均得到比相互合作更低的收益。

　　传统的博弈论会导致双方变得更糟这一结果（Fratianni和Pattison 2001）。在这样一次性的博弈中，基本上只有拒绝的选项（表2-1右下框）。尽管有相互增益的空间，但在缺乏约束力的协调机制的情况下，国家间无法达到这样完美的合作均衡（左上框）。

　　因此，囚徒困境确立了一种非合作的纳什均衡。如果选择了非合作均衡，政策往往变得低效，因为银行几乎不会被重新注资。毕竟危机管理是一种罕见的事件（非重复游戏），具有较高的经济利害关系，重复博弈的解决囚徒困境的非合作均衡在此情况下是不适用的。

　　将发生倒闭平衡的事实可以经由以下事实说明，即一部分外部性在本国以外出现。按阿查里雅（2009）的观点，这些外部因素导致被迫出售资产，对一个国家的总投资产生了负面影响（Shleifer和Vishny 2010）。这么假设基本没有问题，资产重组带来社会效益最高的国家通常是处于困顿中的银行的母国，因为银行常规业务的最大部分是在本国开展的。在这个博弈论的场景中，问题在于母国可能没有为此做好准备，即独自承担一个即将倒闭的银行资本重组需要的全部成本。回到模型，我们现在可以表明如下的命题。

命题2.1。

在即兴合作的设置中，资本重组计划的效率取决于α_H的大小。只有当母国的社会效益足够大，$\alpha_h \in$（C/B，1]，财政政策才会产生有效率的结果。

以下命题的证明是为了满足高级读者的需求。这一命题背后的客观事实将在证明后做进一步解释。

命题2.1证明：

有效的解决方法是注资，即（$x^* = 1$),假设B>C；倒闭,即（$x^* = 0$），假设B<C。根据等式2.1和2.2可知，最佳决定是当$\alpha_h = 1$时。在此情况下，所有的社会效益体现在母国，假设协调没有失败的话。

当利益遍布多国时，游戏变得更有趣。请记住前面提到的假定，即母国H是因资本重组获益最多的国家：$\alpha_h > \alpha_i \forall j \in F$。鉴于这一假设，资本重组$x^* = 1$只会发生在母国的社会总收益比总成本大时，即$\alpha_h \cdot B - C > 0$，公式2.3已对此有了说明。这是一个资本重组的下端临界值。重写此条件给出$\alpha_h > C/B$，那么上端临界值为：$\alpha_h = 1$。

母国因此会对金融机构进行资本重组（$x^* = 1$），即$\alpha_h \in$（C/B，1]，否则$\alpha_h < C/B$时，金融机构倒闭均衡产生，即$x^* = 0$，哪怕此时资本重组是最优策略：B>C，所以银行越国际化（$\alpha_h \downarrow$），协调失败的可能性反而增加了。

命题2.1表明的是，当本国利益α_h在范围内C/B到1之间时，国家的财政政策仍然是有效的。这是一个狭窄的区间，特别是当收益B接近成本C时。这个命题说明当国际化趋势加强时（$\alpha_f \uparrow$ 及 $\alpha_h \downarrow$），国家金融政策无法产生一个稳定的金融体系。面临困境的跨国银行将被关闭（没有重组），即使重组这些境况不佳的银行是维持金融稳定的最优选择，即B>C。这点由图2-3的C区可见，该图说明了在多国情景之下重组决定是如何产生的。

模型背后的常识是，各国政府并没有为了应对跨国银行倒闭的跨境外部性进行合作，它们只关心国内的影响。所以，当一个国家的政府不得不处置一家银行时，它考量的仅仅是总收益的国内部分α_h。一家银行越国际化，效益的国内部分越小，导致图2-3中的虚线向上移动（$\alpha_h<1$）。母国决策因此从区域B移动到区域C，导致低效率，即母国不会注资，哪怕注资是最佳战略（B>C）。

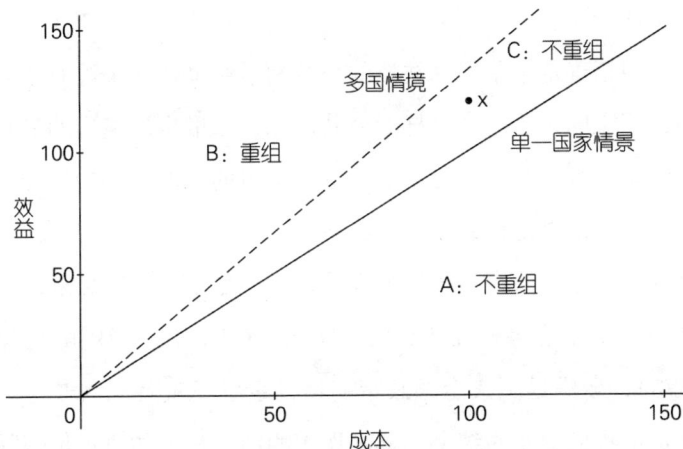

图2-3　多国情景下的资本重组

X轴代表成本C，Y轴则代表效益B。实心对角线代表收益等于成本曲线，虚线对角线代表母国收益$\alpha_h \cdot B = C$而区域A（无重组，因为B<C）和区域B（重组，因为B>C）均为有效产出。而区域C则为无效产出区域，表明即使重组为最优战略，母国也不会这么做。母国所处的区域大小取决于母国收益的大小，以及收益与成本之和（B和C）。

实例

一个例子可以清楚阐明在单一国家和多国情景下，注资的决定是怎么产生的。再假设注资限于困境的银行的成本是100，而效益是120。单一国家情景时，银行100%的经营活动发生在母国，$\alpha_h=1$。此时决策简单明了，因为收益超过成本（B>C），母国出手重组银行，这显然是有效率的结果（图2-2 B区）。

再看多国情景。假设银行75%的经营活动在母国，国外的比率为25%。因为母国仅考量本国利益，因此效益估值为90（75%×120）。面对的成本依然为100，母国决定不进行资本重组。见在图2-3C区x点，虽然注资是最佳策略（B>C），但还是没有注资。在命题2.1的数学分析中，母国收益α_h=0.75处于重组该银行的可行性范围之外（C/B=0.83，1]，C/B=100/120 =0.83。

这个模型精确定位了集体注资的公共利益维度。如果没有适当的协调管理机制，国家间无法生产这样的公共产品。采取事后谈判的临时合作会产生参与国家所提供资金不足以进行资本重组的情况，哪怕这样的资本重组是有效的。其结果是重组资本供应不足。

就金融三元悖论而言，该模型表明，金融稳定和国家金融政策在有限国际化的情况下是能够相互兼容的：$\alpha_h \in$（C/B，1]。当国际化程度更高时（α_h<C/B），要满足国家金融政策的话，金融稳定就无法兼得。假设维持金融稳定是我们想要的结果，这时现实的问题是，如何定位国际化的程度，即何时放弃国家政策和转向国际协调。下章会对各大银行的国际化进行评估。

因此在收益与成本均"正常"的假设下，如果国际化趋势明显，导致母国收益低于成本效益之比：α_h<C/B，资本重组将面临破局。然而，在面临严重危机的极端情况下，母国可以自行决定进行资本重组。何以如此？答案是，金融的稳定收益必须远大于相对成本，即B≫C。

一个典型的案例是2008年几乎倒闭的美国国际集团（AIG）。AIG的国内业务只占到40%（美国国际集团2007年年报显示，其国内收入为450亿美元，国外收入为650亿美元）。所以对其进行救助的效益只有40%归于美国：α_h=0.40。由于本国效益过小，图2-4的虚线非常陡峭。原来为避免 AIG 破产的注资为 850 亿美元：C=85（国会监督小组，2010）。雷曼兄弟倒闭后，美国国际集团可能破产对市场产生了巨大的不确定性。根据我们的模型，救助收益将超过 2 150 亿美元（B=215），足以撬动母国全额注资（见图 2-4 x 点）。α_h 可行性范围在：（C/B=85/215=0.40，1]之间。当然，当局彼时并没有做过这些精确的计算。可知的是，当时对 AIG 进行救助带来的与金融稳定性相关的收益显然最大。

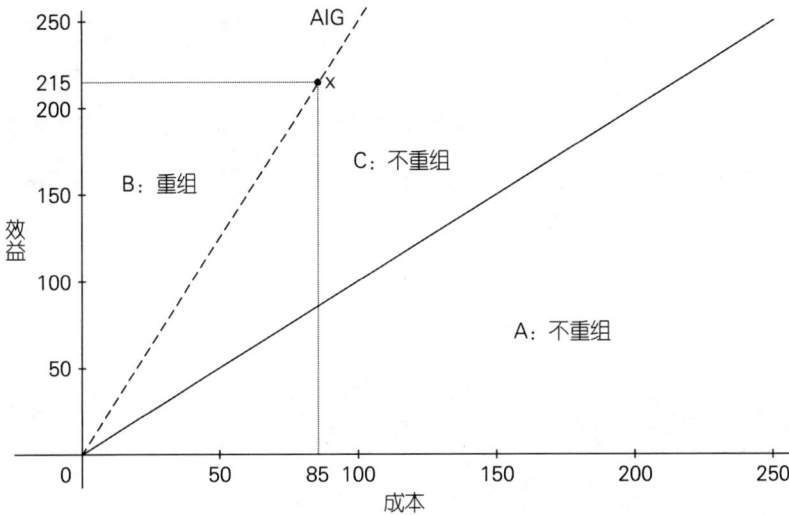

图 2-4　AIG 的资本重组

最后，把这个模型与类似的、分析国际金融稳定的模型相比较结果如何？加斯帕（Gaspar）和 西纳斯（Schinasi）（2010）和西纳斯（2007）也以博弈论模型为工具，研究金融一体化的跨国问题。具体来说，他们应用了经济联合的理论。在我们的模型中，有关国际金融稳定的公共产品明显供应不足。而经济联合理论则认为大的、富裕的国家将超额承受负担。但是，如接下来我们的模型所显示的，富裕国家（大国）在现实情况中并未打算超额甚至是全额埋单。涉及跨国银行时，母国是关键角色。第 4 章中的案例研究表明，大国和小国均采用顾及本国，而非一种国际性的方式来解决跨国银行陷入危机后的问题。前者如美国雷曼兄弟，后者如比利时的富通银行，冰岛的考普森（Kaupthing）银行和国民（Landsbanki）银行。

2.3 结 论

关于本章的介绍已提出国际金融稳定这样的公共福利可否由单个国家所产生这一问题。这本书的关键论述以及我们的金融三元悖论模型都清楚地表明，国家是无法产生这种公共福利的。每个国家在参与金融稳定这个游戏中扮演的角色是一样的，即出于"个人理性"追求着国家利益的最大化。因此，各国间形成了一种非合作的纳什均衡，他们不会注资挽救限于困境的跨国银行，即使这样的资产重组从公共政策的角度来看是富有效率的。

继本章的理论基础之后，下一章将探讨金融三元悖论的实证基础。第3章收集了全世界最大的60家跨国银行在国际化方面的数据。第4章将对金融危机期间主要跨国银行倒闭的案例进行研究。

第3章　国际银行的崛起

　　银行在国际经济一体化的历史过程中起到了不可或缺的作用。然而，银行国际化进程不是一帆风顺的，是走走停停的。

国际金融系统委员会，2010

　　国际银行的历史起源于国际贸易。15到16世纪，佛罗伦萨作为一个国际贸易中心与著名的梅第奇（Medici）银行家族的崛起紧密相连。梅第奇可以被看做是第一个推动国际贸易的国际化银行。有意思的是，银行从创立开始，就与政治权利紧密联系。乔凡尼·迪比奇·德·梅第奇（Giovanni di Bicci de Medici），家族财富的奠基者，在1410年时被任命为教皇的财富管家。他的儿子，科西莫·德·梅第奇（Cosimo de Medici），通过在阿维尼翁（Avignon）、布鲁日（Brugge）、日内瓦和伦敦设立分支机构，将家族银行拓展成为一个国际化银行。巴林商业银行也在推动国际贸易发展。1762年，巴林商业银行在伦敦的齐普赛（Cheapside）街开展业务。他起初是一名羊毛经销商，慢慢地他将羊毛生意逐步拓展到了其他商业领域，并对快速发展的北美以及后来的拉美国际贸易提供金融服务。1790年，巴林商业银行在其自身努力及阿姆斯特丹著名银行家Hope & Co的帮助下，其生意越做越大。

在后来的18至19世纪工业革命期间，大银行开始向国外拓展，以支持其国内的工业龙头企业的业务发展。典型的例子是1890年，德意志银行在亚洲和拉丁美洲建立子行。这些子行主要从事批发银行业务，如贸易融资和贷款，用来支持德国企业（Bänziger 2012）。这些例子很好地说明了国际银行起初（早期）都是奉行"跟随客户"的经营原则。国际银行的发展与其大客户，如全球跨国公司的业务拓展紧密相连。

最近以来，金融市场的全球化促进了国际银行的发展，银行是金融市场运作的必要组成部分。从历史角度看，金融市场不是自发产生的。最早的金融交易，如贷款是银行办理的，正如前面描述（讨论）过的。17世纪初，阿姆斯特丹证券交易所成立，标志着正式金融市场的出现（Allen and Gale 2000b）。股票市场作为银行业的有益补充，既能激发公司控股竞争，又能提供融资的替代渠道，从而降低因银行过于强势而造成的潜在不利影响。事实上，银行正逐渐远离传统的存贷款业务转向收费创收活动，如证券承销、资产证券化和资金交易等。银行和金融市场在债券交易方面的功能互补。虽然是市场投资者提供证券资金，但（投资）银行依靠证券承销在公司的股本和债务的发行中发挥主导作用。进一步讲，在紧急情况下，银行能为公司提供信贷支持。例如，公司到期不能周转其债务，只能从银行取得信贷支持。银行是私营企业最后的流动性提供者。

布特（Boot）和撒克（Thakor）（2010）强调了银行与市场之间这种联动关系。银行越来越依赖于金融市场，不仅仅因为金融市场是其融资渠道，而且金融市场能对多种资产实现证券化安排。证券化是金融服务分拆的一个例子。证券化是将资产（如抵押贷款或汽车贷款等）从银行的资产负债表中移除的一个过程，银行不再对证券化的资产再提供融资安排。相反，由购买这些证券化资产的市场投资者提供融资。银行仍旧负责发起并管理这些证券化贷款。贷款发起包括甄别潜在的借款人及设计和确定金融合约价格，贷款管理包括信用风险监测及贷款的发放、收回及监测。

金融大危机发生前，作为证券化资产的卖方和买方，国际大银行越来越倚重证券化。证券化市场的崩溃，导致了金融危机的发生，也体现了银行与金融市场之间脆弱的平衡关系。证券市场化的失败不在本书研究范围内（例如，当银行出售贷款和起到信用机构的作用时，缩减对发起者的审查激励）。

国际银行对金融稳定的效果是喜忧参半的（Schoenmaker 和 Wagner 2011）。从积极意义上说，国际银行分散了风险。由于各个国家的商业周期不是同步的，所以银行可以通过在不同国家经营来分散风险。现成的一个例子是，一家西班牙大国际银行与其国内同业相比，没有多少房地产泡沫。从消极意义上讲，国际性银行与全球金融市场紧密相连，在全球范围内传递金融动荡。典型的例子是源起美国次贷市场的金融大危机迅速蔓延到欧洲市场。次级贷款被重新包装并摇身一变成为可交易的证券化抵押产品。几乎所有的欧洲大银行因为购买这些证券化抵押产品，而持有了美国次级抵押贷款的市场敞口。

本章首先回顾了国际银行的战略和商业模式。国际银行扩张的动力是什么？国际银行为他们的国际经营扩张采用什么样的法律和运营架构？其次记录了国际银行的兴起。国际银行的扩展很大程度上源于全球国际贸易扩展，但有一个例外，就是内部金融体系活动（指的是资产证券化和交易）在金融危机前发展很快，在金融危机后萎缩了。在美洲、亚太和欧洲等世界主要区域，银行国际化模式差异很大。最后，本章将讨论国际银行对隐性安全网补贴的影响。下一章将讨论处置国际银行面临的挑战导致国际银行在国际市场融资成本较高。

3.1 战略及商业模式

银行国际化所体现的是战略化的管理决策，它跟随着推动不同国家之间经济一体化的步伐。科技进步及放松管制进一步加强了全球经济一体化进程。本书的问题是，银行国际化战略的推手是什么？全球金融系统委员会的一项最新研究发现（2010），银行国际化扩张的一个主要推手是寻求新的商业机会，二是在东道国市场追求更高的商业利润，三是跟随"走出去"客户的激励。令人吃惊的是，规模效应看起来作用不明显。

第一个推手是商业机会，在国内市场成熟后，银行会去国际市场寻求机会。高度发达及竞争化的银行市场会推动大的银行到国外寻求新的机会。这与第二个推手高利润不谋而合。高度竞争的国内市场，降低了利润空间，国外的市场仍能提供有利可图的商业机会，前提是这些国外市场是稳定及开放的。国际市场多元化获利的例子在下面会提到。第三个推手是基于客户拉动的假设。银行追随大客户国际化扩展而扩展（Grosse and Goldberg 1991）。

商业模式方面，商业模式具体规定了一个公司所应用的产品和客户的组合。（Cavelaars and Passenier 2012）。从银行来讲，主要的产品包括商业银行产品（存贷款、结算服务），投资银行产品（承销、衍生品、资金交易、重组及并购）和非银行产品（保险、地产、租赁）。商业银行及非银行产品主要提供给零售客户及公司，投资银行的产品主要提供给大中型跨国企业及其他金融机构。在决定商业模式时，银行必须充分考虑其提供的产品和服务范围，提供服务的客户类型和其经营的地理位置。

对国际银行来讲，本书强调两点：在哪个国家经营和如何经营国际商业是决定其商业模式选择的关键因素。地域多样性可以降低风险或从一个成功的商业模式中获取更大的利益。尽管伯杰（Berger）和德扬（Deyong）（2001）没有发现地域多样性会使银行变得更有效率，地域的多样性可以降低本国经济变化对银行的不利影响，这也许是金融危机严重性的一个重要解释。例如，伯南克（1983）把经济大萧条时美国银行所处困境的严重程度，归因于美国的银行体系主要是由众多独立的小银行组成的这一事实上来。与之相似，西班牙国内银行的危机主要是源于其对西班牙境内地产行业的过度敞口。相反，西班牙桑坦德（Santander）和 BBVA 这两家大型国际银行，因为其较强的国际多元化，使之持有较少的国内地产敞口，与西班牙经济相比更为坚挺，受冲击较小。

加西亚雷罗（Garcia-Herrero）和瓦斯克斯（Vazquez）（2007）根据境外子行和境内母公司持有的资产不同，来评价地域多样性对银行的潜在好处。他们发现境外子行获利更高，但风险也很高，特别是在新兴市场国家。从提高生产效率或增强收益的角度分析，他们进一步发现，那些通过在国外开设子行来获取区域多元化收益的银行，并没有充分利用一点。在另外一个不同的研究中，范莱利维尔德（2012）调查了国际多元化可能对银行总体风险下跌的影响。这种下跌风险会因为各国商业周期恰好不相关而变小吗？范莱利维尔德（2012）发现区域多元化为国际银行平均降低了1.1%的风险（多元化影响的范围从微乎其微到7.7%）。但区域多元化收益并非总会让银行更加安全。一些多元化银行利用多元化这种优势，以较低的资本经营并发放高风险贷款（Demsetz 和 Strahan 1997）。

统一和分散模式

银行采用多种模式来实现国际化经营。虽然各银行集团经营模式很不相同，但主要遵循两种模式：统一模式和分散模式。在统一模式中，高管层拍板集团层面的所有重要事项。IT 和风险管理系统以及资金运营集于一体。品牌也是在全球范围内统一管理。大型银行很快采纳了像可口可乐这种大型国际性消费者企业的市场营销战略来塑造全球品牌形象。一体化全球银行的范例有美国花旗集团、德意志银行和 ING 集团。在分散模式中，基本上每个国家都有一个独立的银行。银行控股公司是分散在各个国家子银行的所有者。尽管高管层可以做出一些基于集团层面的决策，但各个子行当地的董事会拥有很大的自主权，这是一个明显的区别。原则上，银行管理行为就是按这种结构设计的，相互保持独立性。汇丰和渣打银行就是典型的分散式模式，但这些银行也在统一的全球品牌下开展经营。

银行公司治理架构的三个元素很大程度上影响了银行国际化经营的控

制范围。第一个元素是以权益或负债形式获取外部融资的组织架构。第二个元素是风险管理、内控、资金运营交易（包括流动性和资金管理等）、合规和审计等关键职能的整合和集中化程度。第三个元素是金融机构的法律架构和一个特殊问题，即是通过子行还是分行办理跨境交易。

外部融资

图3-1和图3-2展示了这两种主要模式的公司结构。图表模型是高度程式化的，考虑到税收、监管及有限责任等方面的因素,一个典型的大型银行集团往往拥有上千家法人实体。以权益或负债方式取得外部融资会对公司结构有重大影响（国际金融机构2012）。权益性外部资金的筹措集中在公司控股层，由债券持有人或非担保融资人提供的负债融资则可能发生在银行集团的各个层面。在图3-1的统一模式下，负债融资由高层决定，要么是银行控股公司，要么是银行（略低于控股公司的主要法律实体）。中心资金交易部门会随后将外部融资安排到集团内部各个不同的运营主体。相反，在图3-2分散模式下，债务融资是由国家银行（注册在不同国家的主要子行）层面决定的。在这种多银行模式下，每个国家的银行负责各自的资金营运。

国际化银行有很多商业伙伴与银行有债权债务关系。这些商业伙伴形成了商业银行（如源于贷款或者支付服务的零售及批发的储户和债权人）或投资银行（如衍生品和资金交易对手以及其他投资交易对手）的债权人。在美国，这两类集团通常区分为商业银行和投资银行。在欧洲，这两类集团则整合在统一的银行集团下。为简便起见，这种区别没有包含在图3-1和图3-2中。

决策和外部融资主要由银行控股公司或者是其直接下属银行（略低于控股公司的主要法律实体）决定。权益资本由控股公司筹集，负债也是由控股公司（a）或是其直接下属银行（b）负责筹集。银行储户（和其他银行债权人）则分布在控股公司及其下属的机构中（下拉箭头显示）。

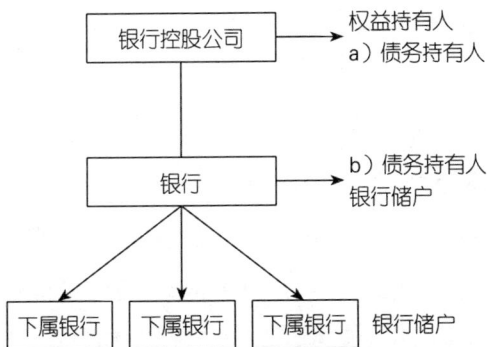

图 3-1　统一模式下的全球银行

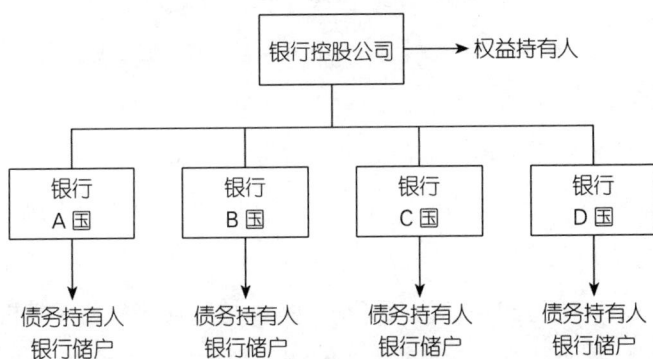

图 3-2　分散模式下的全球银行

决策和外部融资由各国银行自主决定。权益资本筹集由控股银行完成，负债则由注册在各国的银行自行筹集。银行储户（和其他银行债权人）分布在各国的银行及其下属分支机构中。

风险管理职能整合

风险管理的一项重大进展就是强调对整个公司层面的风险评价。统一风险管理的目的在于确保能够全面系统地在整个公司层面实现与风险有关的决策。尽管代价巨大，弗兰纳里（Flannery，1999）认为一旦公司有了中心化的风险管理团队，就可以期待获得在风险管理方面的规模效应。另外，如果应用 Basel II 和 Basel III 资本充足率框架下推荐的鼓励银行集团集中管理风险的先进方法，就能为公司带来潜在的资本减免优势。不管怎样，这些集中化的系统仍旧依赖各地的分行或子行提供给各地的市场数据。

库里茨克斯（Kuritzkes）、舒曼（Schuermann）和维纳（Weiner）（2003）指出，国际上活跃的金融机构倾向于运用恰当的集中的风险和资本管理方式。主流的方法是所谓的轴辐式组织模式。轴辐式结构中的辐线部分，负责业务条线内的风险管理，轴心部分负责在集团层面集中化的风险和资本监管。辐线部分主要的活动包括银行内部的信贷职能和保险机构中的精算职能，这些活动都由条线经理自主决策。另外，一个条线内风险因素的整合也发生在辐线部分，通常由分支机构负责资金管理和财务报告的部门来完成。

轴心部门依赖来自辐线部门的风险报告，在很多情况下，它负责监督用于整个辐线内综合经济资本框架的方法的发展。轴心部的职责各有不同，但倾向于包括承担整个集团层面的风险报告责任：参与集团资本结构、融资需求等决策和目标债务评级；负责与监管部门及评级机构联络；对重大风险转移的交易；在某些金融机构，积极地管理资产负债表（包括资产集中化管理）。

金融大危机后，2010年的联席峰会（Joint Forum）发现,尽管取得了一些进展，但目前使用的模型还没有适应支持所有他们正在使用的功能。应用这些模型的金融机构并没有意识到他们所面临的风险，包括肥尾风险。到目前为止，仅有部分机构正着手解决肥尾问题。另外，当模型风险累积时，金融机构会面临很多实际挑战。这包括管理数据的质量和容量，以及有价值的沟通等。

艾森拜斯（Eisenbeis）和考夫曼（Kaufman）（2005）也指出，当银行集团为实现成本节约而整合其管理和资料存储功能时，信息问题日益显著。在电子化时代，母国对金融机构的管理日渐集中化。再者，数据和记录通常保存在母国的办公机构或对东道国来说不是必需的一些地方。对东道国的监管者而言，快速获取信息甚至仅仅是找到信息的物流和成本是惊人的，即使外资银行是以子行而不是以分行方式进入该国。

分行和子行

公司结构的另一个要素是关于国际银行采用的法律架构，即跨国银行是通过分行还是子行进行跨境交易。子行有独立的法律地位、公司章程及执照，财务独立。分行没有独立的法律地位，而是另外一个法律实体（总行）的组成部分。法律形式影响着东道国和母国监管职责的分配。子行由东道国单独颁发牌照并监管。由于分行没有自己的资产负债表，东道国无法监测其债务清偿能力。因此，巴塞尔委员会将国际银行清偿能力的监管责任分配给了母国（巴塞尔银行监管委员会1983）。无论如何，东道国仍有权力在其司法框架内监管外国分行经营的"合理性"。欧盟在银行管理上更进一步，采用单一市场化来管理。《第二银行指令》中，允许银行在其他欧盟国家内开设分行，无需受东道国监管机构的额外监管（由母国管理）。

银行的结构存在着不同程度的集中化。一方面，全球性综合银行通过分布在全球各地的分行来运作，另一方面，去中心化的全球性银行通过众多的子行来经营。在实践中，这种界限是模糊的，拥有众多的子行和分行的混合模式是国际大型银行典型的经营模式。例如，花旗是总部在美国的全球综合银行，在伦敦就分别有一家分行和一家子行。最后结论是综合银行倾向更多地运用分行来经营，而分散化经营的银行更倾向使用子行的模式。

尽管通过分行方式经营跨境业务可以有效降低东道国监管力度，如德意志银行等大型银行集团，在欧洲至少需要接受20多种监管法规约束，很多银行还是选择子行经营模式。德明（Dermine，2006）和切瑞蒂（Cerutti）、马丁内兹·佩里亚（Martinez Peria，2007）研究了影响银行法律结构的主要因素，他们列出了如下的考虑因素：

- 所得税：如果东道国税率过高，尽管对分行结构有利，但从全球所得税的角度看，选择子行结构更具灵活性。

● 规模及公司属性：大型零售银行倾向使用子行结构；大型批发银行则更倾向于运用分行结构来管理流动性及信用风险管控；一些东道国的监管机构甚至要求大型零售银行必须采用子行形式来运营（参见第6章）。

● 政治风险：为了避免东道国政府干预和其他重大政治风险的影响，银行更喜欢采用分行形式来运营，以尽可能地将资产保留在母国。

尽管做了这些基本的考虑，但在很大程度上，历史事实说明了一切。并购历史及事后缺乏高成本调整的动力决定了公司的法律架构。德明（2006）认为，初始阶段在东道国以子行经营的动机在于保护品牌价值，信赖当地管理团队和国家情感（保证东道国监管机构的监管控制权力）。这个分析印证了前面的结论，即银行的公司架构不会像教科书规定的那样，只通过分行方式运营，而是选择像蜘蛛网一样交错的分、子行模式。在欧洲，以子行模式经营的银行数量在增加，正如图3-3体现的那样，在过去的15年里，外国分行份额在下降，然而子行却从38%增长到了66%。特别是2007年金融大危机后，这种增加更为显著。

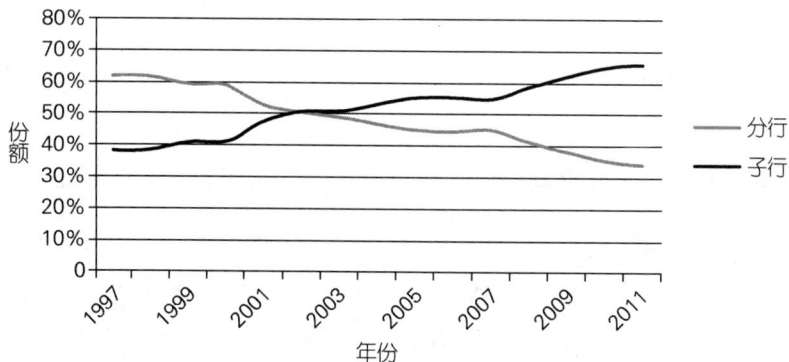

图3-3 欧洲银行中分行和子行的比例

该比例是通过分行或子行跨境资产占该欧洲银行全部跨境资产比例计算得出的。

Source:EU Banking Structure，ECB.

有传闻证据表明，东道国监管机构在非正式化地推行子行化，以强化对其辖内机构的监管。特别是当零售业务做大后，监管机构就会要求以子行方式经营。这违反了欧盟市场一体化原则，即为跨国银行在欧盟范围内提供跨境设立分行的自由。无论如何，在金融三元悖论的情形下，推行本地控制与国家治理（national approach）是一致的。在金融大危机前，新西兰就已经采用了这样的政策，在新西兰经营的澳大利亚银行，如果其零售规模变大后，就被要求采用子行方式经营。

实践中，像声誉风险和围栏限制等因素在很大程度上混淆了分行与子行之间的法律界限。富尔德（Freshfields Bruckhaus Deringer，2003），一家国际律师事务所，探索了在多大程度上法律防火墙能防止金融集团内风险的蔓延。他们发现，法律防火墙能有效防范直接风险蔓延（集团内部交易的信用风险及共享服务的操作风险），但在防范间接风险蔓延方面不太有效（声誉及资金风险）。这是因为间接风险蔓延源于（潜在）交易对手和市场参与者的行为和认知。大部分银行创立和保持国际品牌战略增加了这种风险传播。

德崇证券（Drexel Burnham Lambert）于1990年的崩溃，是间接风险蔓延一个的例子。德崇证券集团在美国处境很困难，但其在伦敦的子行有清偿能力。因为交易对手都不想直接和这个伦敦子行打交道，英格兰央行不得不作为协调人加以干预。

围栏原则的实践事实上将分行转化成了子行。例如，按照美国法律，外国分行需要将资产保留在美国本土。当一家绰号为国际骗子与罪犯银行的金融机构BCCI在1991年破产时，美国监管机构要求BCCI美国分行优先偿付美国存款人。英国央行行长罗宾·李-彭顿（Robin Leigh-Pemberton）请求美联储主席杰拉尔德·科里根（Gerald Corrigan），将BCCI资产放入全球资产池。科里根回应说，作为经济学家，他赞同这种资产入池的方案；作为对美国国会负责的美联储主席，他必须保护美国资产。这也印证了我在第2章中的观点，危机时刻，使命和责任感决定监管机构的监管行为。

另外，美国《联邦储备法案》规定，美国银行不能为其境外分行赔付存款，如果这家分行不能赔付的理由是因为所在国家内战或有其他政府行为影响。总之，美国法律给予本国存款人的政策很优惠，并凌驾于外国存款人之上。第6章会详细讨论美国对银行处置的区域方法。关于金融三元悖论，在某个国际银行崩溃时，美国玩的是不配合的把戏。

结构分歧

到目前为止，这部分阐释了关键管理职能集合化趋势，这些职能原来属于分散在一个金融集团的不同部门中。集合化意味着战略决策已经从集团的某部门或某个功能性机构转到了整个集团的层面（也就是控制层）。系统、业务活动（例如资产管理）及关键管理功能集合化的动力，源于金融集团本身可以获得的协同效应。金融集团不同部门之间的配合协调是金融集团合理存在的原因。这种集成或中心化的动力反映在各业务条线的操作架构上。在这个过程中，运营架构和公司法律架构的不同渐渐凸显。

结果，很难将这些活动归结到有法人资格的主体上，这些法律主体是监管责任划分的基础。运营架构与法律架构方面较大的分歧会让监管执法变得困难重重，因为监管权力源于法定权力，这可能与监管具体行为在哪发生没有关联。寻求协同效应的全球运作的金融集团和基于法律授权并寻求有效控制金融集团主要决策人员的监管机构之间的矛盾（tension），为有效的公司治理带来了挑战。第5章和第8章会探索解决这些矛盾的公司治理选择。

3.2 国际银行的实证研究

第2章提到的金融三元悖论模型表明，只有当银行有大量跨境交易时，协调失败才会成为一个问题。这部分会提供关于国际银行的大量实证数据。关于国际金融机构的实证研究结果众多（Moshirian 2006；Goldberg 2009；Cetorelli 和 Goldberg 2011）。第一类是关于外国直接投资（FDI）的银行的研究，新兴市场银行吸收外国直接投资的数量和对这些接受国金融体系冲击的影响的研究。苏泽（Soussa，2004）在报告中指出，在1990年到2003年这段时间内，拉丁美洲和东欧的新兴市场国家的银行，得到的外国直接投资最多。这类研究聚焦在接受投资的国家。新的研究数据表明，银行跨境交易在金融危机前的2007年达到峰值后，就一直呈下降趋势。无论如何，在全球范围内，银行跨境业务仍旧占有一席之地，占东道国银行借贷的20%以上。

第二类是关于单一银行以母国为基地拓展跨境交易的研究。可能从国际银行的某一特定方面来考量国际化。如，伯杰和其合作者（2003）研究银行现金管理的地域延伸。银行覆盖多少个国家？那时银行的国际化从交易活跃的国家数量去考量。一个单独的方法是研究银行全部的经营活动，这是对以往研究成果的拓展（Schoenmaker 和 Oosterloo 2005；Schoenmaker 和 Van Laecke 2007）。我采用这个单独的方法来研究银行国际化。收集了世界最大跨国银行的详细数据。有意思的发现是，它们的跨境交易一直很稳定，并有所不同。就国际业务量来说，欧洲大银行占比很大，平均50%以上；美国银行增加到30%，而亚太地区的银行则降到了15%以下。下面会详述这些变化。

国际银行业的整合趋势

20世纪90年代后期的亚洲金融危机之后，国际清算银行开始系统收集国际银行的统计数据。可以说国际银行业整合的态势是从1999年开始的。本章从银行和贸易的关联开始说起。图3-4表明了国际银行（外汇占GDP比率）无论是在规模还是速度上，都比国际贸易发展得更快（出口占GDP比率）。对图3-4的仔细研究表明，国际银行给非银行机构的

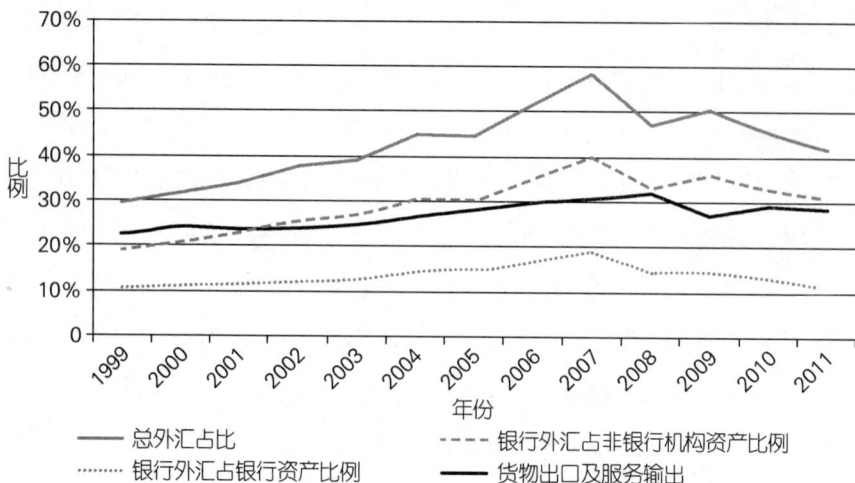

图3-4 国际贸易和银行外汇占GDP的比率

国际贸易占比由货物出口及服务输出占GDP比率计算得出。银行外汇占比被分为对银行及非银行机构占比两部分。

Source:World Development Indicators,World Bank;World Economic Outlook Database, IMF;Consolidated Banking Statistics,BIS.

贷款与国际贸易发展速度基本匹配。相反，国际银行贷给银行的贷款在1999—2007年间，从10%增长到了20%。金融危机后，这个数字降低到了11%左右。这印证了本章开篇的叙述。如果说国际银行给非银行机构的贷款拉动了国际贸易的发展，那么金融体系内国际银行间借贷增速过快，直奔危机而去，危机后的下降速度自然也快。现在回复到危机前11%的水平。[①]

接下来，我们研究一下外资银行的渗透率，所谓外资银行的渗透率是指外资借款占一个国家/地区全部借款比例。图3-5表明了1999—2001年间全球外资银行渗透率。再次表明，金融大危机扮演了重要角色。外资银行对非银行机构贷款份额从15%上升到28%，金融危机后，2011年该比例下降到21%。

---

① 全球金融系统委员会（2010）在一个优秀的研究综述中描述了国际银行的长期趋势。

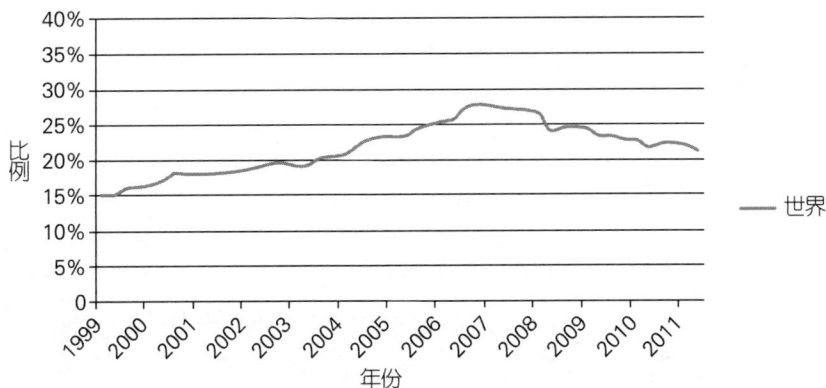

图 3-5 外资银行渗透率

外资银行渗透率是外资银行贷款占其所在国家对非银行机构全部贷款比例。该比例是全球指标，即由全球各国加总计算得出的。

Source:World Development Indicators,World Bank;World Economic Outlook Database, IMF;Consolidated Banking Statistics,BIS.

克莱森斯（Classens）和范霍恩（Van Horen）（2012）也记录了外资银行占比（是指在某个国家，外资银行数量与全部银行数量的比值）的显著增加。他们的报告显示，目前的外资银行平均市场份额，在 OECD 国家为 10%，在其他国家为 30%。金融大危机期间，外资银行减少的信贷业务量要高于国内银行，除非这些外资银行垄断了东道国的银行业。

按区域研究外资银行渗透率很有趣。图 3-6 表明了区域发展趋势。[①] 拉美的外资银行渗透率在 2001 年阿根廷金融危机后有所下降，现在回到了 30%。所以，外资行渗透率扭转了在拉美区域的先前趋势。对西欧和美国来说，这个比率大致稳定在 30% 左右。

与之相反，在欧洲新兴市场，这个比率高达 90%。从金融危机开始到 2011 年，外资银行对中欧和东欧的贷款一直下降。外资银行渗透率在亚洲新兴市场国家要远低于 20%。中国和日本外资银行渗透率远远低于 5%。这表明外资银行很难进入这些亚洲大国。从东道国的视角审视了

---

① 请注意适用一个区域的外资银行的经济重要性的加权平均。一些研究（例如，全球金融系统委员会 2010）根据未加权平均发现不同的结果。

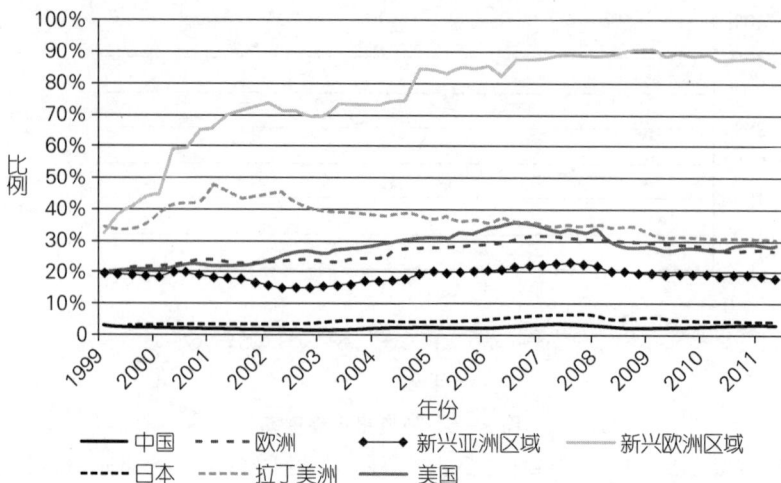

图 3-6　区域外资银行渗透率

区域外资银行渗透率是外资银行贷款占其所在国家或区域对非银行机构全部贷款比例。

该数据覆盖主要国家和区域。区域数据由该区域所有国家数据加总计算得出。

Source：International Financial Statistics,IMF;Consolidated Banking Statistics,BIS.

国际银行整体趋势后，接下来我们要从母国的角度研究银行的国际化。研究银行的国际化是本书的主题，并且用第 2 章我们模型中参数 α_f 来表示。

世界最大银行的国际化

苏利文（Sullivan，1994）提出以跨国指数来衡量跨国公司的国际化程度。这个跨国指数是下述三个指标的非加权平均值：（1）外币资产占总资产比例；（2）外资收入占总收入比例；（3）外资员工占总员工比例。该指数应用三个指标来测度，比较稳定。我们的研究聚焦在第一个指标上，即外币资产占总资产的比例。政府救助的好处（如第 2 章的模型）与银行的资产在很多方面相关。一个好处是通过在某个国家缩短债务期限强制要求清偿债务，防止暂时信贷紧缩。另一个好处是可以确保整个银行体系金融稳定，低价抛售资产以及对一国总投资有负面影响的其他外部因素很容易破坏金融稳定。

这部分内容将区域资产分布比作区域利益分布（proxy）。银行国际化研究被划分为三个主要经济区域：美洲、亚太和欧洲。区分区域扩张（如在美洲区域内）和全球扩张是令人感兴趣的。资产数据也就被分成三个部分：母国市场（h）；区域其他部分（r）；区域外部分（w）。

我们对国际银行的实证研究聚焦于大型银行，因为与同业相比，这些银行更加国际化。延续早期与桑德·奥斯特洛（Sander Oosterloo）和克里斯蒂安·范莱克（Christiaan Van Laecke）合作的研究成果，我选择了最大的60家银行作为研究对象，这60家银行是2012年《银行家》杂志中按照一级资本划分的。由于在全球最大的1 000家银行中，欧洲银行占据了50%以上，所以我们选定的数据中，欧洲银行的数量要远远高于美洲和亚太区域。数据被分成三个样本，最大的15家美洲银行，最大的15家亚太银行，最大的30家欧洲银行。

数据选取的目的是考察银行在多大程度上经营国际业务。按照地域分布划分银行，前两组是真正的国际性银行。这些银行在母国的业务占比不到50%，他们的大部分业务分布在国外。第三组被称为半国际化组，处于追赶者的位置。这些银行国内业务占比50%~75%，国际业务量规模也较大，占到25%~50%。最后，国内银行业务在国内占比超过75%。在第2章的模型中预测过，当国外运营指数α_r变大时，协作失败。这与前三组相关：国际化、区域化和半国际化银行。国内金融政策仅适用国内银行。

图3-7表明三个主要区域国际化银行发展历史。某一区域国际业务是该银行的加权平均数（weighted according to assets）。所以美洲这条线表明最大15家美洲银行国际运营的平均值，汇总的国际银行数据表明金融危机后，国际银行数量在下降。单一银行数据给出了不同的结论。2000—2011年间，跨境交易量总体走稳，但有个体差异。大型欧洲银行国际业务平均占比50%以上，美洲银行增加至30%，亚太区域银行降为15%以下。

2000—2011年间，格局变化体现在两方面：一是一些特定银行国际化进程起伏不定；二是在前15家和前30家大银行的排名中进进出出。

即使经历了金融危机，一些大的银行变得更加国际化了。在美洲样本

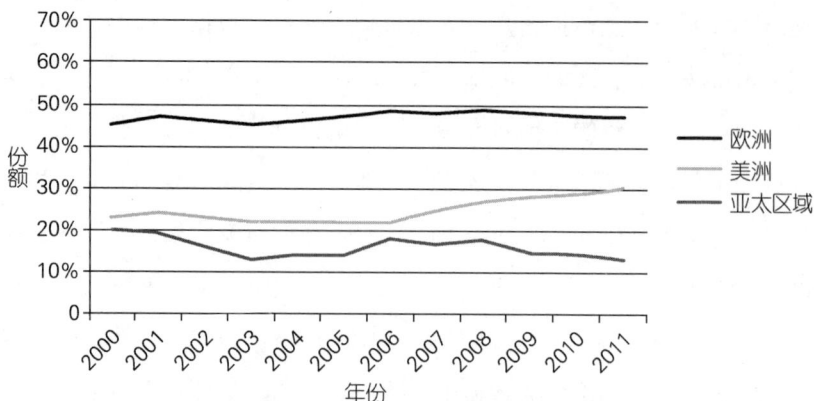

图 3-7 银行的国际业务

银行国际业务比例由该行国际业务资产占总资产比例计算得出。表3-1给出了美洲银行的数据；表3-2给出了亚太区域银行数据；表3-3给出了欧洲银行数据。

组，花旗银行国际化程度从2000年的39%迅速增至2011年的64%（表3-1提供了2000年、2006年和2011年单个银行数据）。剩下的两家投行，高盛（Goldman Sachs）和摩根士丹利（Morgan Stanley）在金融危机期间，向联储申请商业银行牌照，进而也进入了我们美洲最大15家银行的样本中。这些投行是半国际化银行，加大了外资加权资产的占比。最后，四家加拿大银行在美洲本地有稳定的国际业务，但在世界其他地方却很少。由于加拿大国内市场饱和（包括国内禁止银行兼并），这些银行在国外实现了有限的拓展。从总体上看，美洲银行国际业务量已经增至30%。

对比而言，亚太区域呈现出完全不同的景象。真正的竞争在中日两国大银行之间。这些银行高度依赖本国经济发展。随着日本经济的惊人崛起，日本银行在20世纪80年代成为全球权力中心，不幸的是，最终在20世纪90年代失去了10年增长。类似地，中国银行在《银行家》评出的全球最大的10家银行中占了4席，渐渐取代了随着日本经济衰退而衰弱的日本银行。表3-2表明，与日本银行相比，中资银行更加注重国内市场，这个事实解释了2000—2011年亚太银行国际业务缩减的原因。规模较小的澳大利亚银行有较稳定的国际业务，特别是其在邻国新西兰的业务。

表 3-1

2000—2011 年美洲最大的 15 家银行

2000 银行集团	本国	地区其他国家	世界其他国家	2006 银行集团	本国	地区其他国家	世界其他国家	2011 银行集团	本国	地区其他国家	世界其他国家
花旗公司	61	7	32	美国银行	89	3	9	美国银行	87	1	12
摩根大通公司	65	3	32	花旗公司	52	20	29	摩根大通	65	3	32
美国银行	92	1	7	摩根大通公司	74	2	24	花旗公司	36	21	43
富国银行	97	3	0	瓦乔维亚公司	100	0	0	富国银行	97	1	2
瓦乔维亚公司	98	1	1	富国银行	100	0	0	高盛公司	57	5	38
大都会公司	97	1	1	加拿大皇家银行	74	17	9	摩根士丹利	69	6	25
华盛顿互惠银行	100	0	0	华盛顿互惠银行	100	0	0	伊塔乌联合控股银行	80	18	2
美国合众银行	95	3	3	丰业银行	64	16	20	加拿大皇家银行	54	30	16
丰业银行	61	27	13	美国合众银行	100	0	0	巴西银行	92	4	4
美信银行	87	2	11	全国金融公司	100	0	0	巴西布拉德斯科银行	93	7	0
加拿大皇家银行	76	10	14	多伦多-道明银行	69	20	10	美国银行公司	96	2	2
蒙特利尔银行	63	30	8	蒙特利尔银行	69	25	6	PNC金融服务集团	99	1	0
多伦多-道明银行	62	24	14	大阳信托银行	99	1	1	多伦多-道明银行	56	35	9
全国金融公司	100	0	0	第一资本金融公司	92	2	6	丰业银行	64	27	9
国家城市国商业银行	59	33	8	国家城市国商业银行	100	0	0	蒙特利尔银行	63	32	5
加权平均值	77	8	15	加权平均值	78	8	14	加权平均值	70	11	19

注：最大的 15 家银行是基于《银行家》公布的资本力量选取的。按照本国、地区其他国家、世界其他国家划分总资产。最大的 15 家银行用加权平均值计算（按资产加权）。

Source: Author's calculations based on annual reports.

表3-2

2000—2011年亚太地区最大的15家银行

2000 银行集团	本国	地区其他国家	世界其他国家	2006 银行集团	本国	地区其他国家	世界其他国家	2011 银行集团	本国	地区其他国家	世界其他国家
三菱东京金融集团	59	7	34	三菱东京金融集团	71	5	24	中国兴业银行	96	2	2
瑞穗金融集团	75	5	20	中国兴业银行	98	1	1	中国建设银行	97	2	1
中国银行	93	3	3	中国银行	72	16	11	三菱UFJ金融集团	72	5	23
三井住友金融集团	82	6	12	中国建设银行	96	2	2	中国银行	78	15	7
中国建设银行	95	3	3	瑞穗金融集团	67	5	28	中国农业银行	99	1	0
UFJ控股公司	76	7	17	三井住友金融集团	84	5	11	瑞穗金融集团	87	4	9
中国兴业银行	95	3	3	中央农林金库	78	5	17	三井住友金融集团	84	5	11
中央农林金库	76	8	16	澳大利亚国民银行	67	11	22	中央农林金库	82	4	14
中国农业金库	100	0	0	里索纳银行控股公司	90	5	5	交通银行	95	3	2
澳大利亚国民银行	51	10	38	澳新银行集团	67	26	7	澳大利亚国民银行	76	8	16
里索纳银行控股公司	95	3	3	联邦银行集团	81	13	6	联邦银行集团	91	7	2
澳新银行集团	65	23	12	韩国国民银行	100	0	0	澳新银行集团	76	11	13
联邦银行集团	85	12	3	中国农业金融集团	100	0	0	中信银行	96	4	0
三井住友银行	100	0	0	友利金融集团	100	0	0	西太平洋银行	93	6	1
韩国国民银行	100	0	0	交通银行	93	3	3	三井住友信托银行	89	4	7
加权平均值	80	6	15	加权平均值	82	5	13	加权平均值	87	5	8

注：最大的15家银行是基于《银行家》公布的资本力量选取的。按照本国、地区其他国家、世界其他国家划分总资产。最大的15家银行用加权平均值计算（按资产加权）。

Source:Author's calculations based on annual reports.

最后,在 2000—2011 年间,欧洲银行的国际业务量都在 50% 以上。直到现在，大型银行如汇丰、德意志银行、瑞银国际、瑞士瑞信，仍以国际业务为导向。表 3-3 中，巴克莱银行的国际业务量从 2000 年的 24% 增长至 2011 年的 66%。这也让其从一个国内银行转变成为一个真正的全球化银行。巴克莱资本公司（巴克莱银行的投行部）在巴克莱国际化中起到了巨大的作用。英国的其他大型银行，诸如苏格兰皇家银行似乎也想采取类似的模式，但受金融危机所累而未能实现。作为政府救助计划的一部分, 该行不得不削减了其国际业务。它的国际业务占比从 2007—2008 年高峰时的 46% 下降到现在的 38%。

富通银行是一个在欧洲本土经营的中型银行，是一个破产的国际银行并不一定自动削弱其国际业务的很好的例子。在危机期间，以国家的信用额度为依据拆分了这家比利时银行（见第 4 章），比利时国内部分，被法国巴黎银行收购，成为巴黎银行国际业务的一部分。荷兰部分的国际业务被荷兰银行收购后而转成国内业务。

总的结论是，绝大多数大银行在金融危机后仍旧保持了强劲的国际业务导向。其中一些银行通过并购那些陷入困境的竞争对手业务而变得更大。而其他一些银行为了换取国家救助，被迫加速去杠杆化，特别是在国际业务方面。结果，在数据上体现出很显著的变动。美国就是个很好的例子，欧洲银行，特别是德国和荷兰银行，慢慢地退出了美国市场，给其他银行的进入腾出了空间（Schildbach 和 Wenzel 2012）。来自中国、日本和加拿大的银行拓展了在美国的业务（与经济影响从西方向东方转移趋势一致）。整体上，在美国的外资银行比例很稳定，一直保持在 23% 左右。

让我们看现在的状况，表 3-4、表 3-5 和表 3-6 记录了 2011 年世界最大的 60 家银行国际业务活动。欧洲拥有最多的国际性银行，有 6 家全球性银行（英国 3 个，瑞士 2 个，德国 1 个），7 家来自不同欧洲国家的跨区域银行（体现了欧盟金融一体化）。所有的这些银行，国际业务都占主导。进一步说，欧洲还有 8 家半国际化银行，国际业务占比在 25%~50% 之间。

表 3-3　2000—2011 年欧洲最大的 30 家银行

银行集团 (2000)	本国	地区其他国家	世界其他国家	银行集团 (2006)	本国	地区其他国家	世界其他国家	银行集团 (2011)	本国	地区其他国家	世界其他国家
汇丰银行	33	6	61	汇丰银行	24	11	65	汇丰银行	35	11	54
法国农业银行	61	19	20	法国农业银行	64	20	16	法国巴黎银行	49	34	17
苏格兰皇家银行	76	7	17	苏格兰皇家银行	69	8	23	苏格兰皇家银行	62	8	30
苏格兰哈里里法克斯银行	94	3	3	桑坦德银行	31	35	35	法国农业银行	81	11	8
法国巴黎银行	48	21	31	法国巴黎银行	52	30	18	桑坦德银行	27	41	32
桑坦德银行	28	10	62	巴克莱银行	49	13	37	巴克莱银行	34	27	39
巴克莱银行	76	7	17	苏格兰哈里里法克斯银行	86	7	7	劳埃德银行集团	90	7	3
裕信银行	80	7	13	裕信银行	29	68	3	德意志银行	34	32	34
荷兰合作银行	36	19	45	荷兰合作银行	73	15	12	裕信银行	42	56	2
瑞银集团	35	30	35	荷兰国际集团	40	41	19	法国大众银行	71	14	15
荷兰国际集团	34	33	33	瑞银集团	24	24	51	荷兰国际集团	40	38	22
德意志银行	41	29	30	德意志银行	27	36	36	荷兰合作银行	74	9	17
法国松鼠储蓄银行	不详	不详	不详	法国松鼠储蓄银行	32	36	34	法国兴业银行	79	12	9
法国国民互助信贷银行	68	11	21	法国国民互助信贷银行	93	5	1	意大利联合圣保罗银行	82	14	4
法国兴业银行	100	0	0	法国兴业银行	58	31	11	西班牙对外银行	56	9	35
劳埃德 TSB 集团	84	8	8	瑞士信贷集团	28	25	46	瑞银集团	36	20	44

银行集团	2000			银行集团	2006			银行集团	2011		
	本国	地区其他国家	世界其他国家		本国	地区其他国家	世界其他国家		本国	地区其他国家	世界其他国家
瑞士信贷集团	29	32	39	西班牙对外银行	53	1	45	瑞士信贷集团	21	26	53
德国联合抵押银行	62	34	3	劳埃德 TSB 集团	99	0	0	渣打银行	15	4	81
意大利联合银行	66	19	15	法国松鼠储蓄银行	81	2	17	法国国民互助信贷银行	86	10	4
西班牙对外银行	31	2	67	法国大众银行	81	8	11	德国商业银行	51	32	17
富通集团	45	27	28	富通集团	56	38	7	瑞典北欧联合银行	21	74	5
法国大众银行	98	1	1	德国商业银行	74	20	6	凯克萨银行	98	2	0
裕信银行	74	8	18	瑞典北欧联合银行	27	73	0	丹斯克银行	40	60	0
德克夏银行	52	48	0	德克夏银行	53	33	15	比利时联合银行	64	21	15
意大利圣保罗银行	82	12	6	丹麦银行	59	36	5	荷兰银行	80	12	8
瑞典北欧联合银行	22	76	2	意大利联合银行	79	11	10	爱尔兰联合银行	81	18	1
德国商业银行	77	13	10	德累斯顿银行	65	25	10	挪威银行集团	73	17	10
比利时联合银行	45	36	19	巴塞罗那储蓄银行	100	0	0	巴登-符腾堡地方银行	72	20	8
巴伐利亚储蓄银行	63	18	19	意大利圣保罗银行	86	11	3	巴伐利亚第一储蓄银行	77	12	11
西班牙储蓄银行	98	2	0	KBC 集团	50	29	22	奥地利第一储蓄银行	41	55	4
加权平均值	55	20	25	加权平均值	52	23	25	加权平均值	53	23	24

注：最大的 30 家银行是基于《银行家》公布的资本力量选取的。按照本国、地区其他国家、世界其他国家划分总资产。最大的 30 家银行用加权平均值计算（按资产加权）。

Source:Author's calculations based on annual reports.

表 3-4

2011 年美国最大的 15 家银行

银行集团	资本力量 单位:10亿美元	总资产 单位:10亿美元	本国 占总资产的%	地区其他国家 占总资产的%	世界其他国家 占总资产的%
全球银行					
花旗集团(美国)	132	1 874	36	21	43
半国际性银行					
摩根大通公司(美国)	150	2 266	65	3	32
高盛公司(美国)	63	924	57	5	38
摩根士丹利(美国)	52	750	69	6	25
加拿大皇家银行(加拿大)	36	755	54	30	16
多伦多－道明银行(加拿大)	29	689	56	35	9
丰业银行(加拿大)	29	578	64	27	9
蒙特利尔银行(加拿大)	25	503	63	32	5
国内银行					
美国银行(美国)	159	2 137	87	1	12
富国银行(美国)	114	1 314	97	1	2
伊塔乌联合控股公司(巴西)	38	436	80	18	2
巴西银行(巴西)	32	516	92	4	4
巴西布拉德斯科银行(巴西)	31	385	93	7	0
美国银行公司(美国)	29	340	96	2	2
PNC金融服务集团(美国)	29	271	99	1	0
最大的15家美国银行	63	916	70	11	19

注：最大的 15 家银行是基于《银行家》(2012 年) 公布的资本力量选取的。按照本国、地区其他国家、世界其他国家划分总资产。最大的 15 家银行用加权平均值计算（按资产加权）。

Source:Author's calculations based on annual reports.

表 3-5

2011 年亚太地区最大的 15 家银行

银行集团	资本力量 单位:10亿美元	总资产 单位:10亿美元	本国 占总资产的%	地区其他国家 占总资产的%	世界其他国家 占总资产的%
半国际性银行					
三菱 UFJ 金融集团 (日本)	117	2 664	72	5	23
国内银行					
中国工业银行 (中国)	140	2 456	96	2	2
中国建设银行 (中国)	119	1 949	97	2	1
中国银行 (中国)	111	1 878	78	15	7
中国农业银行 (中国)	96	1 853	99	1	0
瑞穗金融集团 (日本)	78	2 013	87	4	9
三井住友金融集团 (日本)	76	1 741	84	5	11
中央农林金库	54	880	82	4	14
交通银行 (中国)	42	732	95	3	2
澳大利亚国民银行 (澳大利亚)					
联邦银行集团 (澳大利亚)	32	737	76	8	16
澳新银行集团 (澳大利亚)	30	717	91	7	2
中信银行 (中国)	30	582	76	11	13
西太平洋银行公司 (澳大利亚)	27	439	96	4	0
三井住友金融集团	27	656	93	6	1
最大的 15 家亚洲-太平洋地区银行	26	400	89	4	7
最大的 15 家美国银行	67	1313	87	5	8

注:最大的 15 家银行是基于《银行家》(2012年)公布的资本力量选取的。按照本国、地区其他国家、世界其他国家划分总资产。最大的 15 家银行用加权平均值计算(按资产加权)。

Source:Author's calculations based on annual reports.

表3-6

2011年欧洲最大的30家银行

银行集团	资本力量 单位:10亿美元	总资产 单位:10亿美元	本国 占总资产的%	地区其他国家 占总资产的%	世界其他国家 占总资产的%
全球银行					
1.汇丰银行(中国)	140	2 556	35	11	54
2.巴克莱银行(英国)	78	2 417	34	27	39
3.德意志银行(德国)	64	2 800	34	32	34
4.瑞银集团(瑞士)	41	1 508	36	20	44
5.瑞士信贷集团(瑞士)	39	1 115	21	26	53
6.渣打银行(英国)	37	599	15	4	81
地区性银行					
1.法国巴黎银行(法国)	92	2 543	49	34	17
2.桑坦德银行汇票(西班牙)	80	1 619	27	41	32
3.裕信银行(意大利)	56	1 199	42	56	2
4.荷兰国际集团(荷兰)	50	1 244	40	38	22
5.瑞典北欧联合银行(瑞典)	29	927	21	74	5
6.丹克斯银行(丹麦)	25	596	40	60	0
7.奥地利第一储蓄银行(奥地利)	15	272	41	55	4
半国际性银行					
1.苏格兰皇家银行(英国)	88	2 330	62	8	30
2.法国大众银行(法国)	53	1 473	71	14	15
3.荷兰合作银行(荷兰)	49	947	74	9	17
4.西班牙对外银行(西班牙)	44	773	56	9	35

银行集团	资本力量 单位:10亿美元	总资产 单位:10亿美元	本国 占总资产的%	地区其他国家 占总资产的%	世界其他国家 占总资产的%
5. 德国商业银行(德国)	34	856	51	32	17
6. 比利时联合银行(比利时)	20	369	64	21	15
7. 挪威银行集团(挪威)	18	355	73	17	10
8. 巴登-符腾堡地方银行(德国)	18	483	72	20	8
国内银行					
1. 法国农业银行(法国)	80	2 432	81	11	8
2. 劳埃德银行集团(英国)	68	1 501	90	7	3
3. 法国兴业银行(法国)	49	1 529	79	12	9
4. 意大利联合圣保罗银行(意大利)	48	827	82	14	4
5. 法国国民互助信贷银行	36	783	86	10	4
6. 凯克萨银行(荷兰)	26	365	98	2	0
7. 荷兰银行(荷兰)	20	524	80	12	8
8. 爱尔兰联合银行	20	177	81	18	1
9. 巴伐利亚银行(德国)	18	400	77	12	11
最大30家欧洲银行	48	1 184	53	23	24

注：最大的30家银行是基于《银行家》(2012年)公布的资本力量选取的。按照本国、地区其他国家、世界其他国家划分总资产。最大的30家银行用加权平均值计算(按资产加权)。

Source: Author's calculations based on annual reports.

这些（半）国际化银行都有双面性。一方面，他们在国内经济中都起到重要作用，在国内业务体系很完整（渣打银行是个例外，在英国本土业务占比很小）。考虑到这些银行与国内政府的紧密关系，这些银行也被昵称为国内冠军（Boot 1999）。另一方面，他们也有很大的国际业务量。由于国内政府不考虑跨境交易的外部性，所以当政府救助时，可能引起协作失败。所以尽管这些银行可能最需要国际合作，国内政府却很有可能牢牢控制他们的国内冠军。

美国有一家全球银行，花旗银行是真正意义上的国际银行，在全世界范围内经营批发零售业务。花旗主要的经营地域涵盖美洲、亚太和欧洲。此外，在美洲没有地区性银行，但有7家半国际化银行。其中3家是国际化经营的投资银行（国际业务占比30%左右），以美国本土业务为主。其余4家是加拿大银行，经营区域国际业务。这些加拿大银行在美国、墨西哥和拉美的国际业务占比在30%左右。其余在美洲样本里的银行都是本土银行。

最后，亚太区域的银行都非常本土化，只有三菱UFJ金融集团这一家半国际化银行，国际业务占比达到28%。所有其他日本和中国银行都致力于国内经营。另外，虽然澳大利亚银行有一些国际业务（大部分在新西兰），但在我们的排名中，仍被当作国内业务。

总之，有7家真正的全球性银行和另外7家区域性银行（在欧洲境内）。这些银行国际业务占比达50%以上，对他们而言，合作失败是个大问题。对这些全球性银行来讲，国际合作对其很有益处，在欧洲的那些银行在欧洲范围内的合作也很必要。在美洲和亚太区域，没有典型的区域模式。另外，有16家半国际化银行，其国际业务占比在25%~50%之间。

全球一体化银行

金融稳定理事会刊发了一个被称作全球系统化重要银行列表（G-SIBS）。就像在第1章中讨论的，金融稳定理事会正在搭建一个政策框架，以解决这些全球性系统银行对全球金融系统带来的外部效应（externalities）威胁。这个政策框架的核心是资本追加和要求这些银行采纳达成的决议计划。本部分会研究这个 2011 年发布（Financial Stability Board 2011b）2012 年更新（Financial Stability Board 2012b）的名单中的 28 家系统性银行。金融稳定理事会打算每年 11 月更新这些名单。表 3-7 报告了这些在 2012 年更新后的全球系统性银行名单。

表 3-7　　　　　　　　　　全球系统重要性银行

银行集团	资本力量 单位:10 亿美元	总资产 单位:10 亿美元	本国 占总资产 的%	地区其他 国家 占总资产 的%	世界其他 国家 占总资产 的%
全球银行					
1.德意志银行(德国)	2 800	1	34	32	34
2.汇丰银行(中国)	2 556	3	35	11	54
3.法克莱银行(英国)	2 417	7	34	27	39
4.花旗集团(美国)	1 874	14	36	21	43
5.瑞银行集团(瑞士)	1 508	19	36	20	44
6.瑞士信贷集团(瑞士)	1 115	25	21	26	53
7.渣打银行(英国)	599	41	15	4	81
地区性银行					
1.法国巴黎银行(法国)	2 543	4	49	34	17
2.桑坦德银行汇票(西班牙)	1 619	17	27	41	32
3.荷兰国际集团(荷兰)	1 244	23	40	38	22
4.裕信银行(意大利)	1 199	24	42	56	2
5.瑞典北欧联合银行(瑞典)	927	27	21	74	5
半国际性银行					
1.三菱 UFJ 金融集团(日本)	2 664	2	72	5	23
2.苏格兰皇家银行(英国)	2 330	8	62	8	30
3.摩根大通公司(美国)	2 266	9	65	3	32
4.法国大众银行(法国)	1 473	21	71	14	15

银行集团	资本力量	总资产	本国	地区其他国家	世界其他国家
	单位：10亿美元	单位：10亿美元	占总资产的%	占总资产的%	占总资产的%
5.高盛公司(美国)	924	28	57	5	38
6.西班牙对外银行(西班牙)	773	33	56	9	35
7.摩根士丹利(美国)	750	35	69	6	25
8.道富银行(美国)	216	86	72	3	25
国内银行					
1.法国农业银行(法国)	2 432	6	81	11	8
2.美国(美国)	2 137	10	87	1	12
3.瑞穗金融集团(日本)	2 013	11	87	4	9
4.中国银行(中国)	1 878	13	78	15	7
5.三井住友金融集团(日本)	1 741	16	84	5	11
6.法国兴业银行(法国)	1 529	18	79	12	9
7.富国银行(美国)	1 314	22	97	1	2
8.纽约梅隆银行(美国)	326	76	82	4	15
G-SIBS总计	1 613		57	18	25

注：第二栏显示了《银行家》（2012年）公布的世界前1 000家银行资产排名情况。按照本国、地区其他国家、世界其他国家划分总资产。G-SIBS是用加权平均值计算（按资产加权的）。

Source:The list of G-SIBs is from the FSB(2012b).Assets are taken from The Banker (2012).Segmentation of assets is calculated by the author based on annual reports.

巴塞尔银行业监管委员会（2011）研究出了基于一个银行的失败对全球金融体系冲击的方法，用来评价全球系统重要性银行。这个方法有五个指标，用来衡量一个银行的系统重要性：

1. 规模：用总资产来衡量；

2. 全球性业务：用国际业务资产和负债量衡量；

3. 关联度：金融体系中的总资产和总负债以及对大规模融资的依赖度

衡量；

4. 可替代性（指的是缺乏银行可提供服务的替代品）：用托管资产、清算系统清算的付款量以及债务及权益市场承销量来衡量；

5. 复杂性：用OTC市场衍生品交易和交易账户量衡量。

这五项指标每个权重都是20%。评价过程的第一步是生搬硬套指标为本的度量方法；第二步是提供监管评价。巴塞尔银行业监管委员会依据他们的判断给出建议，金融稳定理事会和政府做出最终决定。政府部门会有一些裁量，来决定国家冠军最终名单的取舍。

表3-4到表3-6提供了世界最大银行的规模和全球性业务的数据。全球性业务可以用在该区域以外和全球其他地方的资产合并来衡量。表3-7给出了基于总资产的银行规模数据。《银行家》杂志（2012）刊发了全球资产最大的1 000家银行名单。表3-7中的第二栏列明了国际资产排名。

表3-7中，所有的7家全球性银行都在G-SIB名单上。接下来，全部大型的欧洲区域性银行也都包含在G-SIB名单中。只有两个中型规模的区域性银行，丹斯克银行（总资产5 960亿美元，全球排名42位）和奥地利第一储蓄银行集团（总资产2 720亿美元，全球排名81位）没有上榜。在全球性和区域性银行中，最大型的银行（国际性业务占比在50%以上，总资产在1.8万亿美元）需要提供最大数量的资本追加，比例在2%~2.5%之间（见表1-1）。这些高资本追加要求反映出这些国际性大银行的全球系统重要性（德意志银行、汇丰银行、巴克莱银行、花旗银行和法国巴黎银行）。

接下来，我们研究一下跟随者——大部分的半国际化银行。在这个范围内，亚洲只有日本的三菱UFJ上榜。在美洲区域，美国的大部分投资银行都在榜上：JP摩根、高盛和摩根士丹利。令人吃惊的是，加拿大银行的落榜，尽管这些银行资产规模居中等（世界资产排名从35位到50位），而且经营不是特别复杂，区域国际业务占比达到了40%以上，特别是在美洲区域。加拿大政府可以将其最大的一两家银行，如拥有7 550亿美元资产的加拿大皇家银行和6 890亿美元的道明信托推荐上榜。但由于加拿大银行业务相对单一，没有大量的衍生品和资金交易，因而作罢。

欧洲主要的半国际化银行，如苏格兰皇家银行和法国大众银行上榜了。荷兰合作银行榜上无名，原因在于由于这家银行以国内业务为主，占比达74%，而且其批发业务规模小，只支持其公司类客户。在2012年更新的榜单中，金融稳定理事会将德国商业银行从名单中移除，因为其日渐减少的全球系统重要性。其他的欧洲区域性银行（如比利时联合银行，挪威银行以及德国巴登-符腾堡地方银行）是规模相对较小的银行，所以没有包含在G-SIB名单中。

因为其庞大的资产规模因素，大部分国内银行（非国际化）资产规模超1万亿美元的也被包含进来，这些银行拥有10%~20%的国际业务。只有富国银行是个例外，尽管其只有3%的国际业务占比，但仍旧包含在G-SIB名单中。相比而言，中国政府将拥有22%境外资产的中国银行纳入榜单中。而其他三大国有大型银行没有上榜，因为他们国际业务占比均低于5%，所以其国际影响力很有限。再看看欧洲，FSB将劳埃德银行从2012年更新名单中去除，也是因为其日渐减少的国际影响力。

最后，两个小型专业银行，纽约梅隆和道富银行上榜。这两家资产管理型银行提供特别的保管和信托服务，在可替代性指标上得分很高。他们的托管服务对全球金融系统至关重要，在危机时刻，具有不可替代性。

总之，全部主要的国际业务活跃银行（国际业务占比在25%以上，且总资产超过1万亿美元）都包含在G-SIB名单中。这是金融稳定理事会重要的工作成果。也有一些边缘案例，如加拿大银行，但这些中型资产银行对世界影响有限。

3.3　金融安全网

银行国际化对银行融资成本有何影响？国内银行依赖国家央行和财政

部提供的国家安全网，国际银行可以依赖哪些安全网，却不得而知。前面章节中提到的金融三元悖论，说明了国内安全网对国际性银行来说，不具有稳定性。原因是国内政府在决策时没有考虑跨境交易的外部性。贝尔泰（Bertay）、德梅杰克-昆特（Dermiguc-Kunt）和赫伊津哈（Huizinga）（2011）发现了国际银行通过子行融资的成本要显著高于单纯从国内融资的证据。这点和国内政府在救助国际性银行时没有积极性的观点保持一致。他们的结论是金融安全网运作似乎对跨境交易是个障碍。

为详述这个新的研究，贝尔泰、德梅杰克-昆特和赫伊津哈（2011）调查了在1999—2009年期间分布在83个国家的898个银行样本。由于分行信息不便获取，他们国际化的指标只限于子行而不包含分行。所以，在某种程度上，国际化的规模被低估了。无论如何，他们测量了不同子行的融资成本。国际化指标是指子行的负债除以国际银行的全部负债，得出百分比指标。基于这些比例指标，贝尔泰、德梅杰克-昆特和赫伊津哈（2011）使用前面章节中提到的资产占比的方法来衡量跨境交易。考量融资成本时，用负债为本的方法明显更为妥当。

在898份样本中，大部分在各自母国的融资成本上升了，这里对外负债融资占比仅为1.9%。样本中2/3的银行只是国内融资成本上升，而只有1/3的银行有外债。这种区别，可以让作者比较国内及国际融资成本。因为缺乏其他影响安全网效应的因素，将市场纪律效果独立出来就显得很重要。作者控制了银行的资产风险，因为这些风险会受国际监管套利和全球化风险分散的潜在影响。

贝尔泰、德梅杰克-昆特和赫伊津哈（2011）的研究结论简单明了，尽管如此，对这些结论的解释应谨慎一些，毕竟这是该论题的第一次研究。他们的发现表明了国际化银行通过子行融资的成本，比纯粹国内银行要高出1.5~2.4个百分点。考虑到样本中平均的融资成本仅有3.3%这个事实，这是个重大的差异。这个结论意味着国际银行的债务人会承受相对高的债务负担（损失）。银行债务人只有在银行崩溃及安全网失效时，才可能蒙受损失。国际银行的债务人似乎对安全网依赖程度不高。贝尔泰、德梅杰克-昆特和赫伊津哈（2011）指出，国家金融安全网的管理者不太可能去救助国际银行，或者认为对国际性银行的恢复和处置过程是相对没有效率的。下一章会讨论在金融危机时国际银行处置效率问题。

3.4 结 论

国际银行经营的商业模式可能各有不同。两个极端例子是全部通过分行进行运作的全球一体化银行，以及通过遍布在全球各地的子行进行运作的去中心化银行。这两种商业模式的区别是显著相关的。就共用一个共同品牌名称来说，分散化的银行往往被市场投资者认定为是一体化集团。进一步讲，分散化的银行也往往在集团中心层面履行一些关键管理职能，如风险管理模式政策制定等。

集中的国际银行趋势反映了国际银行与国际贸易发展的关系，但这里有一个很重要的细微差别。国际银行对非银行机构的贷款节奏与国际贸易发展速度基本保持一致，但对银行机构的贷款在2007年之前快速增长，之后快速回落。这反映了资产证券化市场的兴衰。

全球最大的60家银行地域分布表明，大约一半的银行有着重要的国际业务，如果用国外资产占比25%或更多的标准来衡量的话。就金融三元悖论模型而言，国家政府间的协作失效会发生在国际化银行身上。新的实证研究证明，国际化银行的融资成本很高，表明投资者并不看重国内金融安全网。下一章将会举例说明一些主要国际银行的破产。

第4章 金融三元悖论的失灵

救助大型的国际银行客观上有利多国，尽管如此，母国政府仍不得不出手救助。

丹尼尔·格罗斯，2012

金融大危机暴露了对国际性银行缺乏一种有效的风险管理框架。尽管各国应用的方法不同，但从总体上说，政府使用的方法局限在其本国境内的机构而不是在国际银行这个层面上。这种一国一法的方式，加大了由纳税人负担的政府救助成本和法律的不确定性，打击了国际金融系统的信心，加大了竞争性扭曲效果（Claessens，Herring 和 Schoenmaker 2010）。金融大危机中，富通集团、雷曼和冰岛银行的倒闭表明，缺乏一个合适的跨境处置框架对全球金融稳定性会带来很大的危害。比较而言，政府间就救助德克夏银行及西欧银行在中东欧的持续经营达成了一致解决方案。

本章首先分析国家利益分歧的潜在可能性。这些利益冲突妨碍了国家之间的有效合作。随后，本章通过研究在最近金融危机中国际银行失败的案例，得出可以吸取的经验教训。看起来，还是金融三元悖论在发挥作用。用国家的方法去应对国际银行的倒闭，自然会影响金融稳定目标的实现。

4.1 潜在的利益冲突

金融三元悖论指出：如果采用国内的金融政策，国际银行就会缺乏足够的资本进行重组。国家利益的交叉导致重组资本的供给不足。当国家利益有分歧时，就不会产生合作的动机。当国家利益一致时，对于破产的国际银行，就可能会有合作解决问题的机会。赫林（Herring，2007）指出，决定国家利益交叉的一个关键因素是，该银行在相关的一个或多个国家中是否属于系统重要性银行。

当银行的地位呈非对称性时（在一国为系统重要性，在另一国属非系统重要性），就会出现合作问题。当银行在东道国和母国的系统性关联程度及潜在的外部性都很高时，也可能发生合作失败的情况。这是因为其他利益冲突仍可能存在，因而导致整体合作失败。

除了系统性关联的非对称性因素外，赫林（2007）还列出了东道国和母国之间存在的其他三种可能导致利益冲突的非对称性。

第一是资源不对称性。监管机构（和央行、存款保险基金、财政部）在人员技能和金融资源方面可能会有不同。这表明，即使搁置最基本的利益分歧，母国监管机构也不可能仅仅因为缺乏有效的监管能力而依赖东道国监管当局（反之亦然）。

第二是会计、司法和制度等基本结构的不对称性。薄弱的会计准则和外部审计质量可能会阻碍一国的监管力度，作为提示，机构贷款人以及积极的、负责任的金融媒体可能会在其他国家给予监管者一定帮助。法制基础建设也很重要，低效和腐败的司法程序会损害哪怕是高质量的监管力度。简言之，这些国家在以上方面的不同会相应引起不对称性。

第三是不同的国家处置机制的影响，实际上可能差异很大。不同国家的破产申请的触发条件会有所不同。谁来申请破产，何时何地申请破产都会对损失分担有重大影响。此外，对资产进行"围栏"保护，而不是采取合作处置的方式，可能会使某个国家债权人的处境更好。这种不平等的处置方式会引发追逐资产的竞赛，进而扰乱市场并导致国家之间难以合作。规则上的差异越大，合作上的失败范围就越广。

解决这些国家利益不对称性的关键在于，该银行在相关的一个或多个国家中是否属于系统重要性银行。表4-1中列出了种种可能性，表列说明了国际银行总行在母国是否为系统重要性银行；表行说明了国际银行在东道国的机构对东道国来说是否为系统重要性银行。

表4-1　　　　　　　　　　　**不对称性的几种模式**

东道国机构	母国/总行	
	系统性	非系统性
系统性	（a）合作潜力	（b）利益冲突和合作潜力问题
非系统性	（c）利益冲突和合作潜力问题	（d）不成问题

在（d）情形下，利益冲突似乎不是一个问题。在这种情形下，对东道国来说，当地这个机构不是系统重要性的机构。因此，除了可能会引起东道国金融系统声誉顾虑的问题外，该国的监管机构会缺乏积极监管的动力。另外，这个银行即使在母国也没有大到成为系统重要性银行的地步。因此，母国和东道国的监管机构都会采取相对宽松的监管方式。如果一个陷入困境的银行不会对母国和东道国构成系统性金融风险，那也就不会对国际金融系统构成严重威胁。

当处置过程的管理与成本控制两者之间的监管责任不匹配时，容易出现最困难的情形。从母国角度看，最坏的情形是（c），即在东道国不认为是系统重要性的外国机构，在母国却被认为是系统重要性的一部分。不管这个外资机构是分行还是子行，母国监管机构会认为其应该对该机构履行主要的监管职责。巴塞尔监管合作协议对该机构为分行的情形下，规定了母国监管机构的监管权力和其应尽的义务。但在子行情况下，情况就会变得模糊，因为母国和东道国监管机构都各自主张是该子行的主要监管者。

情形（b）对东道国监管机构来说，就像一个噩梦。在这种情形下，外资机构在本地市场起到很大的作用，是系统重要性机构，与此同时，其母行在母国却不是系统重要性机构。在这种情况下，母国监管机构缺乏实施强力的综合监管动力，就会对东道国金融系统稳定带来风险。这种情形在中东欧、拉美、非洲以及某种程度上的亚洲地区，逐渐开始盛行。当外资机构不仅在东道国是系统重要性机构，同时足够大并能在经济上显著影响母行时，这种情形就比较好驾驭。尽管母行没有被列为系统重要性机构，但外资机构是母行极其重要的一部分的事实，会引起母国监管机构的极大关注（请参见下面的案例研究：在东欧的西欧银行）。

情形（a）中，因为该外资机构不仅对东道国来说是系统重要性的，而且对母国的一个系统重要性银行也有着经济上的举足轻重作用，在此情况下，可能会促使东道国和母国监管机构之间的监管合作。这样的话，东道和母国的监管机构就都有了强烈的监管动力。尽管可能会引发一些冲突，但在监管关注方面，双方监管机构不会有较大分歧。无论如何，合作以及联合行动会发生在每一个情形中，但也无需全都如此。如下文所示，有一些国家利益分歧的案例，如美国政府在处理雷曼兄弟倒闭案时，与世界其他同雷曼兄弟有业务的49个国家之间存在分歧。当然，也有一些国家利益一致的案例，如比利时和法国两国政府对德克夏银行危机的处理。

富通银行案例表明，其他因素也会引起合作问题。比利时和荷兰政府有着长期的合作传统，富通银行对双方来说都是系统重要性的。比利时政府想从整体上拯救富通，继续让其立足于布鲁塞尔；但是荷兰政府却想让富通将刚刚收购的荷兰银行出售，归还给荷兰政府管理。在其他的案例中，合作可能发生在利益不对称的情况下。例如：在新兴市场国家的一些按母国标准属于小型的外资银行，在当地市场却属于大型银行，有很多这样的例子。

4.2 国际银行破产案例分析

本章通过对几家主要跨国银行破产的案例分析，用以说明：（1）破产的原因；（2）母国和东道国系统性关联类别；（3）国际间合作或不合作的动因；（4）对国际金融稳定的冲击。

案例研究与表4-1的分类保持一致，表明了母国和东道国之间的系统关联性。我和国际货币基金组织的斯帝金·克莱森（Stijn Claessens），以及《沃顿商学院关于世界经济的日内瓦报告》的撰写者理查德·赫林共同编写了这些案例。（Claessens，Herrings，和Schoenmaker 2010）

1. 雷曼兄弟

原因

2008年，雷曼兄弟是美国第四大投资银行。[①]其业务规模和复杂程度是贝尔斯通（Bear Stearns）的两倍多，后者在2008年3月因无法提供额外抵押品而接受JP摩根资助，被迫合并。雷曼兄弟集团在50多个国家有2 985个法律实体，其中的大多数，同时受到东道国和美国证券交易委员会（SEC）监管。2006年，雷曼兄弟经过慎重考虑之后，决定采取激进的发展战略，通过显著提高杠杆水平，下重注于商业地产业务，做大杠杆贷款和类似私募投资产品来承担更高的风险。上述这些业务比其传统的业务领域风险更大，公司不再简单地从事经纪交易，其资产负债表上蕴含有巨大风险的资产。这些资产都是由每天价值几千亿美元的短期可回购资金支持的。雷曼兄弟公司采行的短期融资结构，实质上承担着商业银行的风险水平，但却不能享受银行安全网的保护。

2008年，就在贝尔斯通（Bear Stearns）倒闭后，雷曼兄弟宣布了自

---

① 案例来源：Basel Committee on Banking Supervision（2010b）;Summe（2010）; and Valukas（2010）。

1994年上市以来的首次亏损，但是公司仍能够获得60亿美元的新资本支持。美国财政大臣保尔森（Paulson），在一次与雷曼公司CEO私下的交谈中警告，这（60亿美元还）远不够，如果在第三季度雷曼仍宣布亏损且没有买家或者一份明确的自救计划，雷曼的存在就会岌岌可危（Valukas 2010，第1卷第5页）。应当寻求法定权力对这种可能性进行干预，财政部却没有对此做任何准备，尽管其知道缺乏这种权力。

雷曼兄弟没能找到一个并购方，也没能制订出自救计划。相反，它通过曲解会计准则方法，粉饰其月度和季度报表，用存放于清算行专门用于清算用途的"舒适存款"来夸大其流动性。2008年9月13—14日的周末，美国政府与来自世界各地著名金融机构的CEO协商，试图促成对雷曼的并购，或至少筹集资金来补贴对这个困难重重的雷曼公司的收购（就像1998年对长期资本管理公司（Long Term Capital Management）所作的一样）。周日的下午，联邦政府的官员相信他们与巴克莱资本管理公司达成了一项交易，一项由巴克莱众多竞争对手补贴的交易。但是英国金融服务局（FSA）拒绝提供英国法律要求的股东审批豁免。由此，就像政府宣称的，雷曼兄弟没有买家，没有融资来源，美国证券交易委员会（SEC）主席指示雷曼公司董事会在亚洲市场开市前申请破产，因为它无法偿还其现金债务。2009年9月15日凌晨1点45分，雷曼兄弟控股有限公司（LBHI）按照美国《银行破产法案》第11章的规定，申请破产保护，成为美国历史上最大的破产事件。

分类

美国政府的所作所为可以被解释为，雷曼兄弟的倒闭对其来说不是系统重要性的。但是在其周末组织的密集磋商却另有其义。他们宣称只是因为没有权限，所以无所作为。

合作

美国政府拒绝支持雷曼兄弟的母公司雷曼兄弟控股（LBHI）。然而，他们却用了5天时间来支持雷曼兄弟的子公司——雷曼兄弟有限公司

（Lehman Brothers INC）），将其主要的经纪和资产管理业务、大部分客户的资产负债卖给巴克莱资本公司和其他公司，并在9月19日进入债券投资者保护托管。这消除了美国一个主要的系统重要性的顾虑；雷曼兄弟在不够透明的衍生品场外交易市场的主导作用是其另外一个顾虑，现在看起来也不是问题。大部分的衍生品都已经及时平仓，并通过衍生品互换协议（ISDA）轧差。在处理衍生品时，尽管交易对手对交易价格并不满意，但没有出现大的冲击。在国内，唯一可以被称做系统性的冲击源于一只总值620亿美元货币基金经理们的道德风险。该基金过度持有雷曼兄弟的商业票据，导致其基金市值的大幅下降（跌至1美元以下）。一只最老牌的货币基金的股票市值跌破1美元的消息，开始在其他货币基金市场传播，导致了市场大量抛售商业票据来满足支付需要。二级市场上商业票据的价格崩溃导致了一级市场上商票业务的停摆。商业票据是美国很多公司主要的融资手段，财政部急忙为货币市场共同基金提供保险支持。

除了商业票据市场冲击及未预料到的对批发货币市场的附带影响，美国对外表明，没有雷曼兄弟，美国经济依旧运行良好。

美国国内相对有序的结果与其给国外市场带来的动荡形成了鲜明的对比。这种影响的即时性，很大程度上归因于雷曼兄弟集团高度集中化的结构。像其他许多国际金融机构一样，雷曼控股公司（总部）集中管理大量的现金资源。雷曼兄弟控股（LBHI）宣布破产后，大量的现金不能被调拨至子公司，这些子公司立刻出现了流动性短缺，无法持续经营。澳大利亚、日本、韩国和英国等一系列国家开始受理破产申请。伦敦是雷曼兄弟在美国以外最大的经营中心，那里发生了许多栩栩如生的问题。

包括雷曼兄弟国际（欧洲）的伦敦子行是欧洲最大的经纪商，申请破产并请普华永道（PWC）代为管理。由于英国法律中不允许破产保护人融资，管理人不得不千方百计地筹钱，以满足公司基本的运行需要，甚至包括员工餐厅的费用。普华永道还面对着43 000个仍旧有效的交易，这需要与交易对手逐个协商解决。

集团的集中化管理，是指一个分支机构办理的业务可以簿记到其他的机构，客户不必知道资产的位置已经转移。当雷曼兄弟控股（LBHI）申请破产时，簿记陷入一片混乱。破产申请时，雷曼有 2 600 多个软件系统，这些系统大多过时或仅有少数人能熟练使用。这些系统高度独立，很难破解并且没留下文档记录。还有，大部分交易、估值、财务会计等系统已经卖给巴克莱，巴克莱又把这些系统整合到其自身的数据及知识产权系统。因此，美国以外的许多机构经历了巨大的困难，甚至包括确定其资产负债表以及谁欠谁什么的这些简单的问题上。

最终经与巴克莱协商，尽管获取了一些基本信息，但要想获得有关集团持续经营价值的信息，显然是不可能的。在伦敦，大部分经纪业务已经转让，允许客户资金和公司自有资金混合在一起，因此，一些对冲基金突然失去了流动性。支离破碎的数据系统阻碍了雷曼集团剩余企业获取资产的可持续经营价值，因为一个业务条线的各部分分散在世界各地的不同子机构中，无法再重新整合为一个完整的业务条线，即使这个业务条线还在经营。很明显，由于缺乏合作，对雷曼集团的处置损失巨大，而且这种情况可能会持续十年之久。

影响

很难解决雷曼兄弟破产的系统性影响，因为它混杂于众多互有冲突的系统中。例如，它破产就发生在房利美（Fannie Mae）和房地美（Freddie Mac）公司被接管之后。这两家公司的债权人和交易对手权益得到保护，但普通股和优先股股东却蒙受损失。雷曼公司破产后两天，美国国际集团（American International Group，AIG）获得政府救助。雷曼公司宣布破产的当天，道琼斯股票指数下跌了 150 个点，很重要的一个原因源于监管介入政策的明显变化。联邦政府对于为何救助贝尔斯登（Bear Stearns）而不是雷曼兄弟的债权人和交易对手，其解释缺乏说服力。货币市场上资金的异动，以及后来商业票据市场的崩溃直接导致了雷曼公司商业票据的崩盘。

结论

在很多方面，雷曼的破产没有必要这么具有破坏性。这家公司内部管理及外部监管混乱，在情况越来越糟糕时，期待着债权人和交易对手能被救助。美国政府单方面行动，为雷曼兄弟美国的经纪/交易分支与巴克莱资本合并提供了解决方案，但在该方案中，却没有针对雷曼兄弟在其他国家的49家子公司的合作处理方案，包括最值得一提的雷曼在英国的主要业务。

2.美国国际集团

原因

在其鼎盛时期，美国国际集团（AIG）发展成为一个巨大的金融联合体，具有其他机构不可比拟的国际影响。[①]它在全球130多个国家经营，有11万多名雇员。其控股公司十年前的评级是AAA，拥有超过4 000家的子公司，这些子公司之间互相持股，构成了一个复杂的如蜘蛛网一样的股权结构。尽管该公司最大的收入来源于财产及意外伤害保险，但它还拥有诸如国际银行、消费者信贷、资产管理等与其他保险业紧密相连的业务条线。它还拥有一个金融产品分部——AIG金融产品。

尽管AIG的金融产品对其总收入的贡献从未超过3%（日内瓦协会2010，17页），但却将集团置于巨大的风险中，这些风险杠杆率高，且经常不对冲。很多这样的交易是通过设在伦敦的子公司操作的，但AIG金融产品却避开了英国金融监管机构FSA的监管，因为AIG购买了一家美国的储蓄机构，将其置于美国储蓄监管办公室的联合监管之下，该机构被视为监管机构，尽管很多人认为其完全没有监管能力。

2008年9月，AIG金融产品衍生品资产组合面值为2.7万亿美元，这些产品大部分集中于美国地产市场、债务抵押债券及债务抵押贷款上，其中包括4 400亿美元由控股母公司保证的信用违约互换产品。作为出售信用违约品合同规定的一部分，AIG被要求维持其信用评级。如果其评级下

① 案例来源：Genera Association（2010）。

降，AIG 就需要补充抵押物来抵消因其可能不能及时偿付债务而增加的风险。这为 AIG 埋下了祸根。

AIG 的股价从 2007 年 8 月的 70 美元猛跌至 2008 年 8 月的 20 美元，因为评级机构对其评级下调，迫使其不得不补充额外的抵押物，其借款的抵押物价值也在下降。尽管即将到来的股票市场风险预警信号很明显，直至 2008 年 9 月前，AIG 的管理层还没有充分意识到这种风险。一部分原因是 AIG 将自己定位在一个逃避监管当局的位置；一部分原因是美国缺乏一个全国性的对 AIG 这样的集团感兴趣的保险业监管机构。而且，美国的财政部正为房利美、房地美和雷曼兄弟的问题忙得焦头烂额，无暇在短时间内处理另外一个金融巨头的垮台。

AIG 集团内部的管理信息系统是如此陈旧，以至于集团的高管没能意识到问题的严重程度。当他们最终向纽约联邦储备银行和美国财政部寻求帮助时，其最终获得的只是其提出的援助要求 1 830 亿美元的九牛一毛。在雷曼兄弟破产之后，美联储和财政部才意识到救助 AIG 对扭转全球性金融危机的重要意义。

雷曼兄弟和 AIG 集团的危机几乎同时发生，两者仅相差两天，说明了美国政府缺乏有效的手段来应对困境中的非银行金融机构。他们只有两个不太理想的选项，一是将企业送到破产法庭，并希望风险不要蔓延；另外一个是提供特别救助。在 AIG 处理上，他们选择了后者，美国政府很快就拥有了该集团 79.9% 的股权。

分类

美国政府明确相信，AIG 集团的崩溃会对美国以及全世界带来可怕的系统性影响。因为保险行业是单独监管，并受到有效的围栏政策保护，他们关注的焦点集中在 AIG 集团的衍生品交易上。AIG 金融的破产会带来多大的危害我们不得而知，但有趣并值得一提的是雷曼兄弟破产后，其最大的 30 家交易对手都没有垮掉。

合作

美国政府既没有寻求也没有接受来自外国政府的合作。部分原因是他们没能预见到这场危机，也没有足够的时间来安排一些解决方案。美国政府非常不情愿披露给 AIG 的钱被用在何处，但在国会及问题资产救助监督委员会（TARP Oversight Board）的巨大压力下，AIG 披露有 620 亿美元被支付给 16 家交易对手，其中的最大一笔款项 165 亿美元支付给法国兴业银行（Société Générale）。事实上，这些最大的交易对手中，只有 25% 的总部在美国。美国国会对美联储没能够讨价还价，减少支付额大为恼怒。但当破产危机过去后，美联储强调其手头的可用方案不多。这恰好证明了我们在第 2 章中作出的预测：临时拼凑的国际合作是很难实现的。

影响

美国政府的非常规干预让市场回归了平静，但也让市场参与者对美国政府这种明显的临时政策抱有疑虑。很多人质疑雷曼兄弟与 AIG 集团和贝尔斯通的差异在哪，才导致美国监管机构对此作出不同的反应，出现不同的处置结果。如果美国政府想要通过将雷曼兄弟公司送至破产法庭来传递控制公司道德风险的信息，那么两天后，其对 AIG 集团的救助就大大削弱了这种信息的效力。无论如何，对 AIG 集团的救助，可能会防止金融市场的进一步恶化。

结论

一向以脾气平和著称的美联储主席本·伯南克（Ben Bernanke），对被迫救助 AIG 集团，并花费纳税人的钱来支付那些将公司带入绝境的交易员留任奖金的行为公开表达了不满。伯南克和财政部长汉克·保尔森（Hank Paulson）都要求国会赋予他们新的手段，既不能引发金融混乱也不会大幅增加纳税人的负担，来解决非银行系统重要性金融机构所面临的问题。这两个国会提案，尽管意图解决非银行系统重要性金融机构的问题，但没有一个提案提到要通过国家保险法来对保险公司提供有效监管。

3. 富通集团

原因

富通是注册在比利时的金融集团公司，在阿姆斯特丹和布鲁塞尔的泛欧交易所（Euronext）两地上市，是比利时、荷兰和卢森堡重要的金融和保险业务集团。[①]2007年5月，富通银行参与到苏格兰皇家银行、西班牙桑坦德银行的一项价值710亿欧元的复杂并购案中，并购对象是荷兰银行。

在这场恶意并购中，在击败了巴克莱银行后，这三家银行打算拆分荷兰银行的业务，当富通集团的市值达到400亿欧元左右时，它将获得荷兰银行总价值240亿欧元的荷兰国内业务、私人银行业务和财富管理业务。2007年8月，富通集团的股东通过了上述决议，并同时通过了发行130亿欧元股票的决议。考虑到并购荷兰银行，富通集团的财务状况并不强，其对外有着价值400亿欧元债务组合，包括有抵押普通债和美国按揭贷支持的可转换债券。2008年6月，当富通集团宣布一项新的股票发行并取消红利支付计划后，危机开始浮现。这两项计划都与以前的承诺背道而驰，并导致其股价大跌。富通集团是否能够履行其收购荷兰银行的计划，出现了众多的不确定性，流动性问题尤为突出。

分类

富通集团因其广泛的网点布局及几个外汇清算成员资格，在比利时、荷兰和卢森堡三国都是系统重要性银行。

合作

富通集团的监管机构是比利时银行委员会——金融和保险部，在收购荷兰银行后，尽管荷兰业务增长很快，但该监管机构仍旧保持着其主导监管者的地位。富通集团的弱点在雷曼兄弟破产和后续的市场动荡中被证实为致命的。2008年9月24日，富通集团无法从同业拆入资金，大规模的客户提款也开始了。比利时、荷兰和卢森堡开始处理富通集团的危机，这

---

① 案例来源：Van de Woestyne 和 Van Caloen（2009）；巴塞尔银行监督委员会（2010b）。

三国在大部分情况下是各自为政的。当富通集团获得初始注资时，比利时、荷兰和卢森堡政府分别为比利时富通、荷兰富通、卢森堡富通注资47亿欧元、40亿欧元和25亿欧元，但却没有对富通集团整体注资。这个措施未能成功安抚市场的情绪，迫使比利时国家银行亦即比利时央行在随后的几天内，持续为富通集团提供巨大的流动性支持。

随后，第二轮谈判开始。10月3日，荷兰政府出资168亿欧元，合并收购了富通集团荷兰业务以及其收购的荷兰银行的业务。此外，荷兰政府还从比利时富通手中接管了荷兰富通500亿欧元的资金。事实上，荷兰部分的富通集团被荷兰政府国有化了，比利时和卢森堡富通尚未破产，75%的股份被出售给法国巴黎银行。2008年12月，布鲁塞尔法庭暂停了以上出售给法国巴黎银行的交易，并打算将其出售给荷兰和比利时政府。依据比利时法律，出售给巴黎银行的交易，必须经过股东会审批才有效。后经过再协商，出售给巴黎银行的股东审批意见拿到了。布鲁塞尔法庭的判决最终被比利时上诉法庭驳回，判决结果是不需要股东会的审批意见的。

影响

富通集团获救和业务分割有助于比利时和荷兰的金融系统的稳定。无论如何，缺乏全面的监管合作增加了欧洲大型国际银行的不确定性，也增加了救助的成本。

结论

尽管没有覆盖整个集团，但荷兰和比利时政府的合作如预期般地开始了。每个政府都愿意为其自己国家的富通集团部分分担责任，但不对集团其他部分负责。后来，国家利益占了上风，荷兰政府致力于将荷兰银行的业务收回荷兰管理，尽管两国在持续监管方面合作长久，但最终合作还是破裂了。这个案例还暴露了监管者面临的一个问题——如果他们没有推翻股东权利的有效处置权力，怎么办？

4.德克夏集团

原因

德克夏集团是通过比利时公共信贷银行和法国地方信贷银行合并而来，德克夏集团控股公司位于比利时。①其法国的子公司法国地方信贷银行购买了一家位于美国的单一险种保险公司——金融债券保险。德克夏在卢森堡也有很多业务。德克夏主要的业务一直是给当地政府融资。在2008年，德克夏遇到了短期资金支持长期资产的困难，其在美国的金融债券保险公司也遇到了结构性产品问题。当金融债券保险公司面临流动性问题时，比利时的母公司依照集团集中化流动性管理政策，为其提供流动性支持。

分类

德克夏在比利时是系统重要性银行。相比之下，在法国和卢森堡就不是。但其是法国和卢森堡地方政府的主要银行，因而具有政治上的重要性。

合作

德克夏的弱点在雷曼兄弟破产和随后的市场崩溃之后显露出来。2008年9月30日，德克夏集团增资64亿欧元。众多比利时和法国的公共和私人投资者各投资了30亿欧元。卢森堡政府投资了3.76亿美元。一周后的2008年10月9日，比利时、法国和卢森堡对新融资提供联合担保机制达成一致。责任分担建立在自愿的基础上，按各自国家的政府和机构投资者持有的股份比例来分担。分担结果如下：比利时占60.5%，法国占36.5%，卢森堡占3%。2008年11月14日，法国和比利时政府对集团出卖其美国的子公司——金融债券保险公司提供额外担保（联合担保是因为法国是所有者，比利时则提供了流动性）。联合担保可覆盖高达45亿美元左右的可能损失，比利时承担62%，法国承担38%。整个投资组合的损失可

---

① 案例来源：Basel Committee on Banking Supervision（2010b）;Danielsson and Zoega（2009）; and Special Investigation Commission（2010）。

能高达162亿美元，这45亿美元金只是一系列损失中的第一部分。

影响

对德克夏集团的救助稳定了这三国的金融体系，缓解了地方政府的融资压力。从广泛意义上讲，也稳定了欧洲金融体系。

结论

比利时、法国和卢森堡三国政府有效合作，联合救助德克夏集团。比利时和法国对美国子公司的风险分担为合作提供了有效激励。三国在自愿的基础上实现了责任分担。

5.冰岛银行（Icelandic Banks）

原因

2008年10月，冰岛经历了严重的金融危机，三家主要银行在同一周崩溃。[①]20世纪90年代到21世纪初，冰岛银行体系放松了管制并开始私有化，银行业迅速成为冰岛经济的重要组成部分。在这个发展过程中，无论是冰岛政府还是私人机构，都既不充分了解风险管理过程，也不了解当银行业成为经济重要组成部分时，需要多大范围的银行监管。经过几年的发展，银行系统已经发展到10倍于冰岛经济的规模，也开始遭遇到日渐紧张的流动性问题。

冰岛银行系统与国外同行比更显脆弱，有四个因素：第一，冰岛不像瑞士、荷兰和英国等国家，拥有庞大的银行体系。冰岛管理现代金融系统的经验不超过10年，而不是几个世纪；第二，冰岛的银行把数量可观的资金投向了自身或是其他银行的股份，这种由银行自身融资支持的相互持股并没有取得预想的防范风险的作用；第三，冰岛银行私有化时，对政治偏袒存有广泛的指责，银行的高管层和董事会（通常）都是冰岛本地人（组成），很少或几乎没有国际性银行管理经验；第四，考虑到冰岛国家大小以及私人部门和上层建筑之间紧密的政治联系，冰岛的监管是很弱的。冰岛本身是欧洲经济区成员国这个事实，让上述这些因素变得更加复杂。

---

① 案例来源：Dewatripont和Rochet（2009）；巴塞尔银行监督委员会（2010b）。

冰岛实质上应该和欧洲经济区/欧洲国家拥有一样的监管权。准确地说，冰岛是一个监管失败而不是立法失败的案例。

冰岛银行失败的原因与世界上许多金融机构经历的困难有很多相似之处。这些原因包括表面上可无限获取的廉价资本、过度的风险承担和宽松的风险管理标准。与之相比，冰岛最重要的区别是规模。在很多银行出现问题的国家，这些问题被局限在银行系统中的某一部分，银行的加总资产规模与GDP相比很小。在这些国家，政府有充足的资源有效控制个别银行倒闭后果的蔓延。冰岛的情况完全不同，它的很多银行都太大而无法救治。

冰岛金融体系有一个很独特的特点，冰岛银行在英国、后来在荷兰和其他欧洲国家有很高比例的互联网储蓄账户。这些银行原来是依赖批发市场融资，当这个渠道变得困难时，他们决定在欧洲通过高息方式揽储。Kaupthing 和 Landsbanki，这两家冰岛最大的银行，都采取了这个战略。Kaupthing 和 Kaupthing Edge 选择将这些账户开在一家子行，接受子行所在东道国监管，绕开 Kaupthing Edge 在德国的监管。对比而言，Landsbanki 通过冰岛银行当地的分行提供 Icesave 储蓄账户服务。这意味着他们主要被冰岛监督、管理和保险。Icesave 储蓄账户服务开始于英国，存款规模增至40亿欧元，Landsbanki 后来开始在其他国家（主要在荷兰）寻求资金，融到了17亿欧元。按照《欧盟第二银行指令》，东道国监管机构对这些银行的偿债能力没有监管权。

分类

很明显，这三家冰岛银行在母国是系统性银行，在东道国则不是。

合作

2008年9月，随着对冰岛银行的担忧开始增加，冰岛政府花费6亿欧元购买了冰岛三家最大银行中规模最小的 Glitnir 银行75%的股份。但是对 Glitnir 银行部分国有化行为，打击了投资者对冰岛及冰岛银行系统的信心。冰岛政府和银行不断宣称其三大银行流动性充足，有偿债能力。Glitnir 银行的失败动摇了投资者对另外两家银行以及冰岛政府评估其银行状态能力的信心。造成的直接结果就是另外两家银行的授信额度被撤销，Landsbanki 在英国和荷兰的 Icesave 分行，还发生了储户挤兑的情况。Kaupthing 和 Landsbanki 银行在英国都有大量的业务，冰岛和英国政府着手开始商议解决这两家银行面临的困境。英国政府依据一条反恐条例，冻结了 Landsbanki 在英国的资产，引发了冰岛剩余的一家银行 Kaupthing 的倒闭（破产）。冰岛政府还与 Kaupthing 银行在欧洲其他国家经营的监管机构进行了会谈（巴塞尔银行监督委员会 2010b）。

2008 年，冰岛政府准备紧急法案，赋予政府广泛权力以维持国内银行的经营。冰岛议会于 2008 年 10 月 6 日通过了这项法案。在旧银行的废墟上，建立"新"的银行来承接国内的存贷款。同时，国际的业务都被留在了"旧"银行管理，并拟走正式破产程序。这在国内外储户享有同等待遇方面引发了法律争议。违反了《欧洲储蓄保险条例》中要求银行平等对待境内外储户的要求，该要求适用于境外分行，但不适用于子行。10 月初，在通过了紧急法案后，冰岛金融监管机构接管了 Landsbanki 和 Kaupthing，对外国监管机构和外国储户置之不理。冰岛金融监管机构在政府放弃购买 Glitnir 银行股份后，将其纳入破产管理。

影响

冰岛三家银行的倒闭给冰岛经济带来很大的影响。但考虑到其相对有限的规模，对欧洲乃至世界金融体系稳定没有多大影响。冰岛的储户得到了优待，欧洲的监管者却对此仍愤愤不平。

结论

冰岛危机揭示了有限的国家资源和监管能力能削弱母国有效的监管及处置。母国和东道国监管机构之间缺乏有效的合作。尽管欧洲法规有相应规定，冰岛政府还是只保护了本国的储户。

6.中东欧银行系统

原因

2008 年当金融危机席卷全球时，许多欧洲新兴国家因为其高额的国外银行借款而表现得很脆弱。①外资银行和国内银行的借款常常以外币计价。这些国家变得愈发焦虑，尽管外资银行宣称在该区域有着长期经营兴趣，但他们还是担心外资银行止损后，会卷铺盖卷走人。这些银行自身也变得愈发焦虑。竞争对手采取何种行动的不确定性，加大了个别银行缩小在该区域信贷支持或直接撤资的压力，造就了一个经典的群体行动难题。在这种情况下，银行的行为对宏观经济的稳定性至关重要。

分类

很多的西欧银行在中东欧的子行是当地系统重要性银行。大部分西欧银行在其母国也是系统重要性银行。

合作

直面这些风险，欧洲复兴与开发银行、国际货币基金组织、欧盟和其他国际金融机构启动了旨在消除群体行动困境的行动，并率先于2009年1月在维也纳展开。在一系列的会议中，母国和东道国的国际金融机构以及政策制定者会见了一些总部在欧洲且在中东欧设立子行的系统重要性银行。会议邀请了15家总部在欧洲且在中东欧设有子行的欧洲系统重要性银行，并邀请其母国和东道国的监管机构，奥地利、比利时、法国、德国、希腊、意大利、瑞典、波斯尼亚、匈牙利、拉脱维亚、塞尔维亚和罗马尼亚的财政部和央行负责人参加。欧洲银行的协作对扭转该区域系统性危机功不可没。这种协作，整合了恰当的东道国政府政策、巨大的国际支持和母行的参与，极大地稳定了该区域的经济。持续的母行支持伴随着国际货币基金组织、欧盟和多边金融机构的国际收支平衡的支持。这些总计520亿欧元的支持，以母行对子行注资方式，流向了匈牙利、拉脱维亚、罗马尼亚、塞尔维亚、波斯尼亚和黑塞哥维那，并保留了对这些国家的敞口水平。与此同时，这些银行也从当地稳定的宏观经济环境中受益。

影响

协同反应给欧洲的银行系统带来了稳定，这不仅包括西欧（母行所在

---

① 案例来源：International Monetary Fund（2009a, 2009b）。

地）也包括中东欧（主要子行所在地）的银行系统。

结论

这种安排提出了一个典型的高风险合作问题。通过将各方协作，包括相关的东西欧政府、银行和多边金融机构，双赢局面形成了。多边金融机构的金融支持起到了促成交易的润滑剂作用。

4.3 结 论

这六个案例提供了多种原因、结论和结局。在每个案例中，处置都是应运而生，临场应变的。在有些案例中，这种应变措施虽然成功地控制了风险蔓延，却加重了纳税人的负担。在另一些案例中，处置方案保护了国内的利益，却没有顾及风险在全球其他地方的蔓延。结论汇总在表4-2中。

当风险蔓延的影响仅局限在几个有着传统合作关系的国家或是有合作撮合机制的区域内时，很明显，合作极有可能达成。没有案例表明哪个国家在救助前自愿分担救助成本。

在危机时刻，明晰的危机管理安排和官方行为预测力至关重要。雷曼兄弟处置后果（市场预期对雷曼兄弟的处置会类似之前倒掉的另一家投资银行贝尔斯登，但事实上却让其破产）所带来的困惑说明了市场参与者对游戏规则还不够清楚。在富通集团的案例中，随机合作引出了一个问题，即对其他的国际银行是不是也可以如此处理。这些案例以及其他案例表明，对国际银行的国际危机管理安排和在此情形下的指导政府的原则或规则还不明确。但是，市场参与者需要猜测政府会采取哪些措施。如果政府行为出乎意料，那么市场参与者很可能会携流动性资产逃到安全的地方去，直到他们再次对危机管理规则恢复信心。

缺乏透明度的另一个解释是有关外资银行经营的流动性支持方面的。

十几年前，我提出了一个问题，如果德意志银行伦敦分行（德意志银行1/5的资产簿记在伦敦），这家在伦敦经营批发业务（Schoenmaker 1997）的机构出现流动性问题，哪家机构该为其提供流动性支持？谁会借款给它，或谁会是最后的靠山？可能性有：1.自担风险的英格兰央行；2.英格兰央行代表德国央行承担风险；3.德国央行。迄今为止，这个问题的答案还不清晰，至少对市场和局外人来说是这样的。清晰地规定政府之间的处置计划和责任分担以及其他部门之间的责任是当务之急（下一章将讨论）。

表4-2　　　　　　　　　　　　　　六个案例汇总

案例	母国系统重要性	国外系统重要性	合作	短期金融稳定性
雷曼兄弟(美国和英国)	是	是	没有	巨大的不稳定
AIG(美国)	是	是	美国政府单边救助了分布在130多个国家的AIG机构	可能防止了金融市场的进一步动荡
富通集团(比利时,卢森堡,荷兰)	是	是	部分,即兴合作方式,救助仅限于对各国家的机构,没有针对整个集团	增强了荷兰和比利时金融系统稳定性,但也引发了一个问题:其他国际银行如何处置？
德克夏(比利时,法国,卢森堡)	是	否	是,按照三国政府及机构投资者持股比例,联合救助	增强了金融稳定性
冰岛银行(冰岛)	是	否	没有,冰岛仅保护本国储户	金融动荡基本控制在冰岛国内(国外存款人有些骚动)
中东欧银行系统	混合	是	是,欧洲银行协作,"维也纳"倡议	增强了东西欧的稳定性

第5章　解决金融三元悖论

国际经济学中一个新的并且重要的领域，在过去的十年里开始形成。它包含了……和一系列不同国家联合开展的，涉及成本分摊的工程……尽管没有对这些费用分摊方案进行连贯的评估，但一些关于标准的共识正在形成。此类标准类似于国际税收原则，或者确切地说，与政府之间的税收原则相似。

托马斯·谢林，1955

前面的章节已清楚阐明，国际银行、国家金融监管和处置政策这样一种组合导致了金融稳定的崩溃。这样的组合是不可持续的。图5-1说明了金融三元悖论设置中的这种失衡。对角线代表一个稳定的金融体系的目标，横轴表示治理目标（国家与国际金融政策），纵轴表示银行整合的目标（国家与国际银行）。A点表示当前的形势即国际银行（银行高度整合）和国家治理，在危机期间很不稳定。各国政府在寻求金融稳定时，会面临着是促进国际银行建设还是维持国家政策这样的选择。如果选择了国际性银行，政府需要接受国际治理（B点）。相反，如果选择了国家治理，政府则必须回到国家银行（C点）上。

本章首先探讨了能够克服各国政府间协调失败的几种治理机制。在此种意义上，国际银行可以保留。如何内化跨境银行破产的外部性，一个最优的解决方法是将金融稳定政策由国家使命变为超国家使命。肩负这种超国家使命的国际机构需要财政资源的支持，以应对救助某个银行的需要(Goodhart 和 Schoenmaker 2009 ;Obstfeld 2011 ;Moshirian 2012)。作为一个超国家实体，该机构并没有直接的财政权，各国以出资的方式参与。有关金融稳定的超国家决策会影响到国家主权，因而在政治上是有争议的(Pauly 2009)。

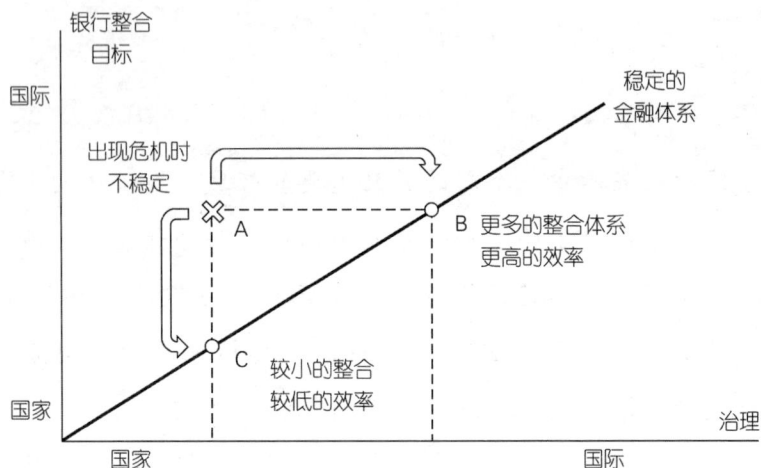

图 5-1　银行整合与治理

本图说明了金融三元悖论中的各种权衡。对角线代表金融稳定这一首要目标；纵轴表示第二个目标，即国际银行。横轴则代表第三个目标，国家治理。

Source:Adpated from Nava(2012).

次优的解决办法是推行具有约束力的规则来促进各国政府之间的协调。作为具有约束力规则的一种，事前的费用分担机制可以起到财政协调的作用。不过这里依然需要一个国际机构来促进和实施协调行动，各国政府则在事前商定的框架内做出决定。

当银行国际化程度超过了某个基本水平（例如，20% ~ 30%的跨境银行），协调失败才成为真正的问题。只有真正的全球性银行在全球层面、区域一级(如泛欧洲银行在欧洲层面,参见第3章))开始出现时，国际银行才会是最普遍的存在。目前，欧洲对协调失败的感触是最深的。与此同时，在中短期内，欧洲内部也是最有希望实现合作的，因为其已经搭建了合作所需的部分制度框架。

本章侧重分析欧盟内部协调机制的设计。当然，如果将分析结果做适当修正的话，也可应用于全球层面。为保持本书的全球视野，下一章将讨论国际治理的政治经济学，既包括全球也涵盖欧洲的层面。我们怎样才能达成具有约束力的国际协议结构？博弈论的安排似乎离我们有一些距离，但我将在第6章提供一个现实生活中的例子，即发生核事故时如何实现具有法律约束力的责任分担。

回到本章的分析，我与西格曼（Siegmann）合作，在欧洲范围内运用模拟研究的方法，比较各种机制的效率，这些模拟研究记录在本章的5.2节。研究结果表明，与目前通行的各国自行其是的政策相比，该协调机制大幅度提高了处置的效率。预计取得的改善大致为，从多数表决（MV）分担责任的50%提高到了超国家方式下的65%（Schoenmaker和Siegmann 2012）。

国际危机的治理安排可能会引起银行的救助预期。通过向政府转嫁部分风险，银行可能在经营中更冒进，这是众所周知的道德风险问题。这一章的5.3节提出了一个针对区域或国际道德风险效应的安全网，其中一个重要措施是，对这些国际银行提出更多的资本要求。另一项措施则是实行所谓的生前遗嘱。生前遗嘱（或处置计划）会允许系统重要性银行倒闭，或者至少有序进行清盘，而不会对纳税人构成不成比例的负担。我们的想法是，事先即创造条件，使得除了对银行全盘救助之外，我们能有更多的选项。

这一章的最后一节探讨了维护国家监管和处置政策的可能性。在这种情况下，当局基本上选择国家银行而非国际银行，即跨国银行作为独立的子公司运营，每个国家的子公司必须维持自身的流动性和自有资本，这部分资金是不能在银行集团内流转的。对此进行的第一个研究（Cerutti and coauthors 2010）指出，对独立的子公司而言，资本需求相对较高，因为资本溢价和利润不能在银行集团内部转让。

5.1 国际协调合作

本节通过对第2章提出的基本模型进行延伸，分析了金融三元悖论的各种解决方案。我简单回顾一下基本模型中的变量：政策工具是由j国当局对行将破产的银行i进行资本重组所贡献的资金t_j，选择变量是x，通过资本重组使银行得以继续经营为$x^*=1$，关闭该行则是$x^*=0$，B表示资本重组的社会效益，C表示成本。当收益大于成本时，即B>C，资本重组（$x^*=1$）是在单一国家设定时的最佳策略。

在分析欧洲情景的解决方案时，国家以下面的方式被分组：银行母国以H表示，其他所有欧洲国家以E表示，世界其他各国则为W。社会福利因此被分成了母国的社会效益，即α_h，欧洲其他国家的社会效益为$\alpha_e = \sum_{j \in E/(H)} \alpha_j$（也就是除了母国外的所有欧洲国家），和世界其他地区国家$\alpha_w = \sum_{j \in W/(E)} \alpha_j$（除了欧洲外的所有国家），各部分相加为1：$\alpha_h + \alpha_e + \alpha_w = 1$。

超国家政策

一个最优的解决方案是促进金融稳定的超国家政策。这种做法类似于为实现货币稳定而建立欧洲央行的超国家行为。正如第1章所讨论的，货币三元悖论指的是在三个目标中选择两个：（1）固定汇率；（2）国际资本流动；（3）国家货币政策。将货币政策授予欧洲央行后，各国事实上放弃了本国的货币政策。

在将金融稳定作为一个超国家使命的情况下，对问题缠身的银行进行资本重组或注资的决定由一个超国家机构做出（Eatwell和Taylor 2000）。超国家机构并没有直接的财政权，必须让参与国出资。谢林（1955)将这种做法比做政府间税收。该超国家机构通常会采用一些通用的标准（如国内生产总值所占比重或银行业的相对大小）来分配参与国之间的份额。

接下来，这个超国家机构将负责整个地理区域（例如我们设定的欧洲），并在整体基础上做出决定，此时国家利益变得不那么重要了。这种方法类似于欧洲央行系统（ESCB）在欧洲或者美国联邦储备系统在美国的功能。当欧洲央行系统理事会对欧元区的利率水平进行投票表决时，理事会成员包括各国央行的行长，都必须立足于欧元区，而不是他们自己国家的通胀前景来投票（Cristadoro 和合作者 2005）。同样，美联储公开市场委员会的成员基于美国，而不是各自地区联储的通胀预期来投票。

对超国家实体来说，最优决策是最大化

$$x^* \cdot [(\alpha_h + \alpha_e) \cdot B - C] \tag{5.1}$$

于是

$$x^* = \begin{cases} 1 & \text{如果}(\alpha_h + \alpha_e) \cdot B - C \geq 0 \\ 0 & \text{如果}(\alpha_h + \alpha_e) \cdot B - C < 0 \end{cases} \tag{5.2}$$

公式 5.1 显示了如果在欧洲的社会效益 $(\alpha_h + \alpha_e) \cdot B$ 大于成本 C，超国家实体可以通过选择资本重组 $(x^*=1)$ 将其福利最大化，否则没有资本重组 $(x^*=0)$。这导致了以下的命题。

命题 5.1：（1）在欧洲，超国家政策提高了以国家为基础的资本重组的效率，取正值为 α_e；（2）资本重组计划的效率取决于 α_h 和 α_e 组合的大小。只有当欧洲国家内的社会效益足够大时，即 $(\alpha_h + \alpha_e) \in (C/B, 1]$，超国家政策方能产生有效率的结果。

以下命题的证明面对的是高级读者，支持这一命题的客观依据将在证明后给出。

证明命题 5.1。有效的解决方法是注资 $(x^*=1)$，即当 B＞C 且闭合时。当 B＜C 时则 $x^*=0$。如果我们运用方程式 5.1 和方程式 5.2，资本重组 $(x^*=1)$ 只有在欧洲社会效益整体上大于成本时才会发生 $(\alpha_h + \alpha_e) \cdot B - C > 0$，这是资本重组的下边界。重写此条件，假定 $(\alpha_h + \alpha_e) > (C/B)$，上边界是：$(\alpha_h + \alpha_e) = 1$。于是当 $(\alpha_h + \alpha_e) \in (C/B, 1]$ 时，超国家实体决定重组整个银

行，即 $x^* = 1$。否则当 $(\alpha_h + \alpha_e) < (C/B)$ 时，封闭平衡发生（$x^* = 0$），即使此时资本重组是最优策略：$B > C$。

下一步则要表明，超国家政策以即兴合作方式改进各国的国家政策，以数学语言表示，即超国家的做法 SN 比即兴合作 IC 更高效：$IC : x^*_{SN} \geq x^*_{IC}$。可见超国家政策在效益和成本的所有组合（B，C）中，至少一个显得更优，在其他情况下两种政策效果相同，以上证实了这一点。

有一个简单的办法可用作判断，即观察重组的可行范围 $(C/B, 1]$。超国家政策的分界点 $(\alpha_h + \alpha_e)$ 高于即兴合作 α_h，于是存在一个代表超国家政策社会效益的区间，超国家政策在其中高于资产重组的阈值 C/B（其中资产重组是可行的），而即兴合作则低于该阈值（无注资）。总之，当 $(\alpha_h + \alpha_e) > (C/B) \alpha_h$ 时，超国家政策较即兴合作更优，即 $x^*_{SN} > x^*_{IC}$。

证明的第二部分是这两种方法在所有其他情况下产生的效果都是一样的，即 $x^*_{SN} = x^*_{IC}$。有资本重组 $\alpha_h > C/B$（在资本重组的可行性范围 $(C/B, 1]$ 内）或无资本重组 $(\alpha_h + \alpha_e) < C/B$（在可行范围之外），两种方法下此命题均为真。

命题 5.1 表明，当银行在欧洲范围内的跨境业务 α_e 是正值时，欧洲超国家实体采用的政策是非常有用的。从对比命题 2.1 和 5.1 可见，在第 2 章中的即兴合作中，只有本国 α_h 的好处在决策中被考虑到了，而超国家政策则将母国 α_h 和欧洲其他国家的福利 α_e 一并考虑。因此，在欧洲银行倒闭时，所有外部性都被纳入了决策，即 $(\alpha_h + \alpha_e) \in (C/B, 1]$。只有真正的国际银行，其欧洲以外的业务相当大，即 $(\alpha_w \gg 0)$ 时，才会产生重组资本不足的问题。

图 5-2 显示了在超国家政策情况下资本重组决策效率的提高。在第 2 章中曾有介绍，C 区为低效区：处于困顿中的国际银行被关闭（不被重组），即使向这一境况不佳的银行注资，维持金融稳定是最佳选项（$B > C$）。请记住，区域 A（无重组，因为 $B < C$）和 B（重组，因为 $(B > C)$）均代表高效的结果。在图 5-2 中的虚线反映了决策整合效益的大小。母国斜线代表欧洲银行母国效益的平均值：$\alpha_h = 0.53$，超国家政策斜线则代表整个欧洲的效益：$\alpha_h + \alpha_e = 0.76$。这些数字取自于第 3 章表 3-6 中的最下面一

行。区域 C 是虚线和实心对角之间的区域，区域 B 是虚线上方的区域。关键是，超国家线与实心线之间代表低效率的 C 区，比在超国家线与母国线之间的区域显然要小，这说明了对母国政策的改进。

案例

一个例子可以用来阐明这两个制度下的资本重组决策工作。假设注资遭遇困难的银行的成本是 100，而社会效益是 150（图 5-2 中 x 点）。在即兴合作的情况下，只有母国利益考虑在内：80（53％×150）。面对 100 的成本，银行母国决定不进行资本重组，即图 5-2 的母国线 C 区。虽然注资是最佳策略（B>C），但依然没有注资。下面转向超国家的做法，欧洲的社会效益是 114（76％×150），这 76％的社会效益包括了母国（53％）和其他欧洲国家（23％）的社会效益之和。由于社会效益现在超过了成本，欧洲经济体对救助的银行进行资本重组，这是有效率的结果，体现为图 5-2 的超国家线上方的 B 区。

或许此时适宜用囚徒困境理论来重述这个例子。表 5-1 简单描画了我们所举例子产生的后果。A 代表母国，B 国代表所有其他欧洲国家。如果这两个国家均拒绝作出贡献，就不会发生资本重组。 A 国获得-9.8 的利益（放弃 53％的效益节省成本的-79.5 和 53/76 的-69.7）的负回报。相应地，B 国获得-4.2 的回报（-34.5 和 23/76 保存成本加 30.3 ，23％的放弃利益）。表 5-1 中显示为右下框，没有合作亦即没有资本重组。

表 5-1　　　　　　　　　　囚徒困境下的超国家回报

	B 国出货 （合作）	B 国拒绝 （拒绝）
A 国出货 （合作）	各国家共同收益+14	A 损失-20.5 B 收益+34.5
A 国拒绝（拒绝）	A 收益+79.5 B 损失-65.5	A 损失-9.8 B 损失-4.2

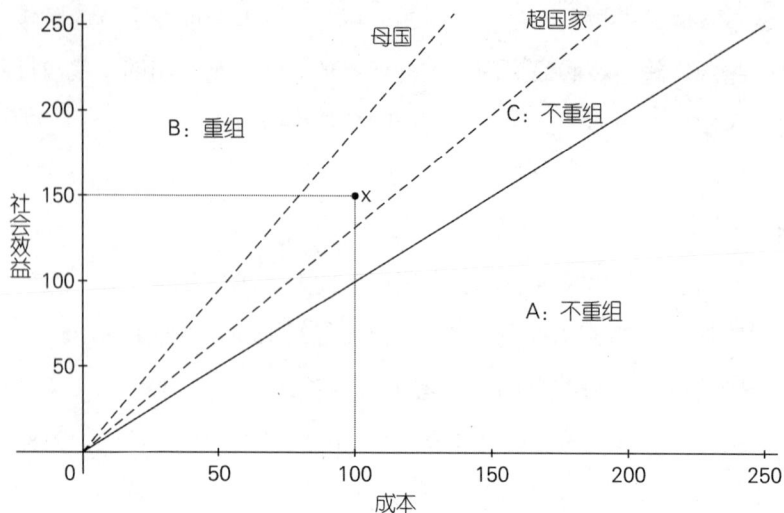

图 5-2　超国家方法的资本重组

横轴表示成本 C，纵轴表示社会效益 B。实心对角线代表收益和成本相等：B=C。在第 2 章即兴合作一节中，左侧虚线 α_h=0.53 是适用的。换作超国家政策，右方的虚线 $\alpha_h+\alpha_e$=0.76 是适用的。虽然区域 A（无重组，因为 B < C）和 B（重组，因为 B > C）是有效率的结果，而 C 区表示低效率，即母国和欧洲都不会做重组，虽然重组是最优策略，C 区在超国家斜线下的部分小于母国斜线下的部分。

如果 A 国注资而 B 国拒绝，则 A 国必须支付全部费用 100。国家 A 的收益为 -20.5（按 53% 的斜率，此时收益是 +79.5，减去 100 的全部费用），而 B 国的收益为 +34.5（23% 的收益，加上 34.5，无成本），即表中右上框。同样可得出表左下框中的回报：A 国为 +79.5（79.5 处，没有成本只有收益）和 B 国 -65.5（34.5 的收益减去 100 的全部费用）。

最后，合作的解决方案将会带来 14 的正回报（欧洲利益的 76% 为 +114，减去 100 的全部费用），即表中左上框，这时净效益作为共同的回报，为两国共享。无论两国以何种方式分享这个净效益，都比不上两个国家均拒绝合作以最大化自身回报来得诱人。例如，A 在最多能获得 +14 的收益（合作），和 +79.5（拒绝）之间进行选择，在 B 出资的情况下，于是 A 会拒绝。接下来 A 会在 -20.5（合作）和 -9.8（拒绝）之间进行选择，如果 B

拒绝的话。同样，A 也会做出拒绝的决定。同样的游戏适用于 B 国，它也将选择拒绝。

所以在即兴合作（不具备约束力的合作）情况下，占据主导地位的战略是两国都拒绝出资，导致无合作均衡，以及-14 的总收益。而一个超国家实体可以提供合作性的解决方案，实现+14 的成果。这一实践说明了两点：首先，超国家实体是实现合作的有效机制。其次，协调是一个非零和博弈。它不仅是在国家之间重新分配成本，也达到了较高整体收益的平衡。

在命题 2.1 和命题 5.1 的数学计算中，母国收益分数 α_h=0.53 位于 C/B 到 1 之外，在这个区间通过资产重组来救助这个境况不佳的银行是可行的。注意在这个例子中 C/B=100/150=0.67。相比之下，欧洲收益的分数 $\alpha_h+\alpha_e$=0.76,则落在此区间内。

在全球层面，由跨国实体组织的超国家做法是完全有效的，因为所有的社会效益($\alpha_h+\alpha_e+\alpha_w$=1)在决策过程中被整合在一起。由约翰·伊特威尔（John Eatwell）和兰斯·泰勒（Lance Taylor）(2000)倡导的世界金融管理局算是高效的解决方案，这让我们回到了单一国家设置。因为收益总是超过成本（B>C），单一国家采用了高效解决方案，即资本重组。

成本分摊

解决协调失败次优的解决方案是建立政府间具有约束力的规则。这一方案的思路是，国家在风平浪静时携手，当危机来临时则遵守事先约定的规则。经济学家称其为预先承诺。在与查尔斯·古德哈特（Charles Goodhart）合作期间，我们探讨了事前分担份额的机制来克服协调失败（Goodhart 和 Schoenmaker 2009）。我们倡导具有法律约束力的责任分担原则，集中资源可能对确保国家兑现他们的承诺有所帮助。在银行危机发生时，各国只需要决定注资或为陷入困境的银行提供流动性支持。各国各自贡献多少，这样的战略原则已被确定，因为各国已经事先商定好其所负担的份额。具有约束力的责任分担规则可以提高第 2 章提到的即兴合作。上一节提到的超国家实体实行一些通用的准则以分担费用，这部分则考察特定环境下银行倒闭时具体的责任分担。

在古德哈特–舒恩马克有关责任分担的模型中，欧洲国家 E 共同负担 $\sum_{j\in E}k_i=1$，k 为预先规定的贡献，而欧洲以外国家 W \ {E} 不参与该计划。贡献 t 分别用于欧洲国家和非欧洲国家：

$$t_j=\begin{cases}k_j\cdot C & \text{如果}j\in E\\0 & \text{否则}\end{cases} \tag{5.3}$$

欧洲各国最大化其收益后：

$$x^*\cdot(\alpha_j\cdot B-k_j\cdot C)\quad\forall j\in E \tag{5.4}$$

公式 5.3 表示某个欧洲国家的贡献，该贡献基于其国家指数 k_j 乘以成本 C。同样，每个欧洲国家最大化其收益并减去费用，为方程式 5.4。决策由各国政府根据（Barberà and Jackson 2006）表决程序做出，由 v̄ 表示。我在这里提出两个常见方法的模型：多数表决并一致通过。在多数投票情况下，50% 以上的投票有可能为赞成：v̄ =0.5。更先进的多数表决程序，如合乎资格的多数投票，可以类似的方式来模拟。在一致通过的情况下，所有参与国都投赞成票：v̄ =1。任何参与国的否决就足以导致一个否定的决定。投票的权重取决于责任分担的关键指标 k_j。

接下来的部分技术性更强,因而十分困难。我们面临的挑战是要找到足够多的、投赞成票的欧洲国家。在此模型下，一个国家组合 G，由投赞成票的欧洲国家 $j\in E$ 组成。一国 j 当收益大于成本时投出赞成票,即 $\alpha_j\cdot B>k_j\cdot C$ 时。接下来需要增加投赞成票的国家数量，由国家集团 G 来表示。总赞成票数为 $k_G=\sum_{j\in E}k_j$，投票决定方程式为：

$$x^*=\begin{cases}1 & K_G\geq\bar{v}\\0 & \text{否则}\end{cases} \tag{5.5}$$

所以，重要的是要有足够的国家赞成票 $K_G\geq\bar{v}$，这导致了以下的命题。

命题 5.2：在国家数量 G 充分大的情况下，责任分担指数反映了最起

码的社会效益 $k_j < \dfrac{\alpha_j}{\alpha_h}$ ，于是 $k_G \geq \bar{v}$ ，欧洲责任分担机制提高了以单个国家决策为基础的资本重组政策的效率，改善的值为正的 α_e。

这里再次为高级读者提供了证明，稍后会给出更直观的证据。

命题5.2的证明。在即兴救助的情况下（方程式2.3），资本重组只发生在 $\alpha_h > C/B$ 时。在责任分担（方程式5.4）中，一个国家组合G，由投赞成票的欧洲国家 $j \in E$ 组成，此时 $\alpha_j \cdot B > k_j \cdot C$。我们面临的挑战是要找到一个足够大的国家集团G按投票规则投出赞成票，于是 $K_G \geq \bar{v}$。

在数学方面，我们必须证明责任分担BS比即兴合作IC更高效，因为 $x^*_{BS} \geq x^*_{IC}$。为证明这一点，可以这样说，责任分担在收益和成本 (B, C) 的所有组合中，至少有一个表现更好，而其余情况下两种方式相当。最容易的部分是当两种方法相同时，这种情况时发生在两种方法都在资本重组的可行范围内 $(C/B, 1)$。在数学表达式为 $x^*_{BS} = x^*_{IC}$，当 $\alpha_h > C/B$ 以及 $\dfrac{\alpha_j}{k_j} > C/B \ \forall j \in G$。

责任分担可以做得更好 $x^*_{BS} = x^*_{IC}$，当责任分担在可行范围内，而即兴合作在此可行性范围之外时：$\alpha_h < C/B < \dfrac{\alpha_j}{k_j} \ \forall j \in G$。因此应该有足够的国家 $j \in G$，代表 $\dfrac{\alpha_j}{k_j} > \alpha_h$ 可行。这并非很严格的条件，因为成本分摊参与国家（包括母国）可以通过他们责任分担的份额相应获得利益。假设 $k_j < 1$，这时国家投赞成票的门槛甚至比即兴合作下母国自行注资更低。

在多数投票 x^*_{BSm} 情况下，一些国家只要达到条件 $\dfrac{\alpha_j}{k_j} > \alpha_h$ 即可，使得 $k_G \geq 0.5$。在一致同意情况下 x^*_{BSu}，所有国家需要达到条件 $\dfrac{\alpha_j}{k_j} > \alpha_h$，此时 $k_G = 1$。

命题5.2表明责任分担可以提高即兴合作。改进的余地主要取决于责

任分担指数 k_j 相对应的好处 α_j 是否足够公平。这点通过技术术语 $k_j < \dfrac{\alpha_j}{\alpha_h}$，

至少在投赞成票的国家身上得到了反映。该不等式可改写为 $\dfrac{\alpha_j}{k_j} > \dfrac{\alpha_h}{1}$。如果这一标准得到满足，责任分担可以产生更有效的结果。这背后的直观证据是，国家现在只支付其预先确定好的费用份额（除以 k_j），而在即兴合作情况下，母国支付全部的费用（除以1）。

换句话说，在责任分担情况下，每个国家都将好处 $\alpha_j \cdot B$ 与其事先商定好的分摊份额 $k_j \cdot C$ 做比较。一国当其收益超过了其所担份额时 $\alpha_j \cdot B > k_j \cdot C$，则投赞成票（见公式5.4）。这可以被改写为 $\dfrac{\alpha_j}{k_j} > C/B$。这个条件与即兴合作情况相比不至于太严苛。在即兴情况下，母国将它获得的收益 $\alpha_h \cdot B$ 与总成本C比较（见公式2.3），因为母国不得不独自承担全部注资（假设国家在即兴情况下没有一起协作）。母国赞成注资，只要其收益超过总成本的 $\alpha_h \cdot B > C$，这可以改写为 $\alpha_h > C/B$。因此，当成本负担的关键指标 k_j 哪怕只反映了最少的利益，责任分担依然可以促使母国轻松做出决定，即 $\dfrac{\alpha_j}{k_j} > \alpha_h$。

案例

一个例子可以阐明这些方程。再次假设注资陷入困境的银行的成本是100，而好处现在是140（图5-3中x点）。进一步假设收益分配如下：60%分配至母国 H（$\alpha_h = 0.60$），25%分配于其他欧洲国家 M（$\alpha_e = 0.25$），15%在欧洲以外的某国 N（$\alpha_w = 0.15$）。责任分担的关键主要列示如下：75%归于母国 H（$k_h = 0.75$），其余25%归于欧洲 M 国（$k_e = 0.25$）。

在即兴合作情况下，只有母国利益被考虑在内：84（60% × 140）。面对100的成本，母国决定不进行资本重组。这是图5-3母国线以下的C区。现在看看责任分担时情况如何。单个国家的决策需要被考虑在内：对

母国 H 来说，决策总是正向的，因为有 84（60%×140）的利益与 75（75% × 100）的成本。对于欧洲国家 M，决策也是利好：35（25% × 140）的利益与 25（25% × 100）的成本。两国都投票赞成，于是 $k_G=1$，资本重组得以实现（图 5-3 责任分担线上的 B 区）。

我们再回到囚徒困境中所举的例子。表 5-2 显示了回报，如果这两个国家拒绝作出贡献，就没有注资。H 国则有 -9 的负回报（60% 被舍弃的利益为 -84，加上 75% 节约的成本 75）。相应的，M 国收益为 -10（25% 被舍弃的收益 -35 加上 25% 节约的成本 25）。这即是表中右下角框，没有合作。[1]

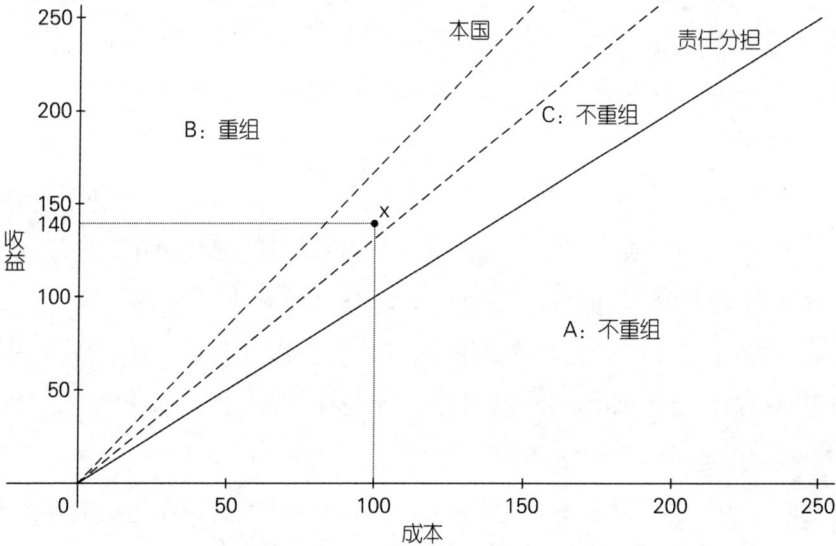

图 5-3　责任分担下的资本重组

横轴表示成本，纵轴表示收益。实心对角线代表收益与成本相当：B=C。在第 2 章的即兴合作一节，左侧虚线 $\alpha_h = 0.53$ 是适用的。在责任分担情况下，右侧虚线向下移动。移动多少取决于责任分担"公平"程度 k_j。虽然区域 A（无重组，因为 B < C）和 B（重组，因为 B > C）是有效率的结果，C 区表示低效率：尽管资本重组是最优策略，但母国和欧洲国家均没有做出资本重组决策。在责任分担线下方的 C 区面积

---

① 在没有合作的情况下，为简单起见，我假定该费用依照表 5-2 中的分担指数进行分配。在实践中，没有关于费用的分配协调。在博弈中，每个国家都不得不认为其他国家想最大限度地减少自己的贡献（方程式 2.1）。在这种情况下，每个国家都得考虑最终它必须支付全部的费用（方程式 2.3）。如果没有救助，则这笔费用会节省下来。

较小。

表5-2 　　　　　　　　　　　囚徒困境下的责任分担回报

	M国出资 （合作）	M国拒绝 （拒绝）
H国出资 （合作）	H收益+9 M收益+10	H损失-16 M收益+35
H国拒绝 （拒绝）	H收益+84 M损失-65	H损失-9 M损失-10

如果每国决定出资而M国拒绝，则H不得不支付全部的费用100，回报是-16（60%的收益+84减去100的全部费用），而M国的收益是+35（25%的好处+35，无成本），即表中右上框。可以相应得出左下框中的回报：H国+84（没有成本，只有收益84）和M国的-65（25%的收益35减去100的费用）。

最后，合作方式下的解决方案为每国带来了+9的回报（60%的收益+84减去其所承担的成本75），以及国家M的利益10（25%的回报+35减去其分担的成本25），即表中左上框。即兴合作时（不具备约束力的合作），这两个国家的最优策略是拒绝，共产生-19的收益。这一战略可以用于前述超国家案例中的推导，此部分留给读者来完成。相比之下，责任分担机制规定了所有参与国的贡献份额，因此每个国家事先知道其他国家将贡献多少。通过责任分担这样的合作机制可以达到协作解决问题的目标，实现+19的收益。

当责任分担指数充分反映了各自收益时，案例产生效力。但是当指数与收益不匹配，投票结果必定不利。假设指数被分为以下几部分：45%归于每国H（$k_h=0.45$），而55%归于欧洲国家M（$k_e=0.55$）。每国仍然投票赞成（84的收益与45的成本），但欧洲M国投票反对（35的收益与55的成本）。每国的投票权重不足以达到$k_G=0.45$，所以没有注资。

另一个与分配有关的极端的例子如下：95%归于国H（$k_h=0.95$)和5%归于某欧洲国家M（$k_e=0.05$）。现在，只有欧洲M国投票赞成，不

足以形成多数票（k_G=0.05）。分配合理时，0.5 < k_h < 0.84 和 0< k_h <
0.35，此特殊设置（140）和成本（100）下的责任分担提高了资本重组
的效率。

再看看全球范围下，此时人们只要将在欧洲实施的责任分担指数扩展
至全球，即从 E 到 W。k 此时变为 $\sum_{j \in W} k_j = 1$。由于有收益会溢出至欧洲以
外（α_w>0），有更多国家共担成本，每个国家的负担变小的情况下（$k_j \downarrow$），
有更多的国家投票赞成（$\alpha_j \cdot B > k_j \cdot C$），从而提高了责任分担安排的效率。

5.2　合作机制比较

各种协调机制如何在危机中发挥作用？第4章清楚地表明，如果没有
协调，目前各国各自为政的做法很容易破坏金融稳定。对银行所采取的超
国家和成本负担的办法，到目前为止都还没有实施。我与阿尔杰·西格曼
（Arjen Siegmann）共同对欧洲排名前30位的银行进行了模拟，希望找出
这些机制如何能在实践中发挥作用（Schoenmaker 和 Siegmann 2012）。

我们选取了《银行家》（2012）排名前30名的欧洲银行。第3章记录了
这些银行在国内、欧洲其他国家和世界其他地区的分部。为了分析各个欧
洲国家之间的责任分担，我们根据资产在欧洲特定国家的分布进一步进行
了细分。这些"资产股份"被用于确定分担责任的比重。正如5.1节所述，
资产股份与成本负担的关系决定投票的权重，它们约等于国家的"主观"
福利。在模拟设置中，具体国家的收益取决于一个国家的政治气候，特别
是对银行业的政治态度。这种主观性可以通过资产股份的扰动项来实施。

为了进一步说明这一模拟，我们列举了三家非常不同的银行：德国的
德意志银行，瑞典的北欧银行和意大利的联合圣保罗银行。表5-3显示，
德意志作为全球银行，32%的资产在其他欧洲国家，34%在世界其他地区。

北欧银行绝大部分（89%）资产在斯堪的纳维亚，是一家真正的地区性银行。最后，联合圣保罗银行在意大利的资产达到了82%，是名副其实的国内银行。

现在可以比较各种机制的效率。是否有效率，判断的基准是资本重组产生时，收益比成本（B/C）超过1。与成本相关的收益被标记为相对收益。图5-4基于相对利益函数，给出三家银行注资或者说救助的概率。虚线代表有效的基准为1，方块线代表超国家的解决方案，其中整个欧洲的利益都被考虑在内。实线代表多数票（MV）规则，即参加国的投票在0.5或以上。虚线代表合格的多数投票（QMV），目前处于0.74的投票门槛，资产加权票需要包括银行资产分布国中74%的多数。根据《里斯本条约》目前的投票安排，345票中，有资格的多数为255票。打点线是一致同意，即所有银行资产分布国必须同意救助。最后，十字线是母国救助的概率，即母国承担所有救助费用。

表5-3　　　　　　　一些欧洲银行经营活动的地理分布

全球银行:德意志银行		地区性银行:德国商业银行	
国家	资产的地理分布	国家	资产的地理分布
德国	34%	瑞典	21%
		欧洲其他国家	74%
欧洲其他国家	32%	丹麦	45%
英国	19%	芬兰	11%
欧洲其他国家	13%	挪威	12%
		欧洲其它国家	6%
世界其他国家	34%	世界其他国家	5%
总计	100%	总计	100%

国内银行	意大利联合圣得罗银行
国家	资产的地理分布
意大利	82%
欧洲其他国家	14%
世界其他国家	4%
总计	100%

Source:2011 annual reports(见表3-6).

图5-4样本A为德意志银行的救市概率，该行欧洲以外的资产占到了

34%，超国家救助的概率增加了1，达到了1.5。超国家策略之后为多数投票规则，此时救市概率最高，其次是合格的多数投票和一致同意。本国救市的概率只是慢慢增加为2.2，这与德意志银行的全球战略相当。

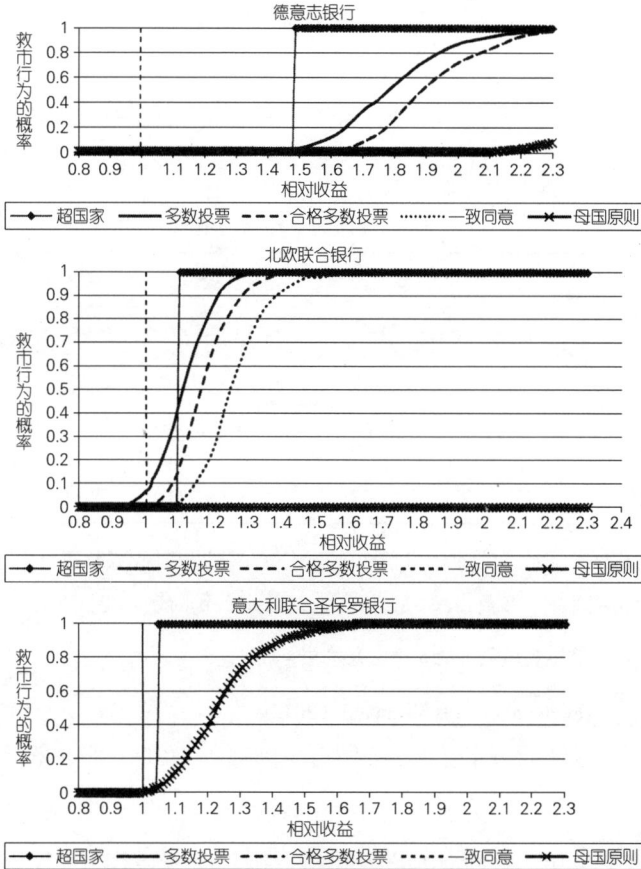

图5-4　对所选银行的救助概率

该图说明了，以B/C线为界，每个国家取500个主观模拟，作为相对收益函数的救市行为的概率。垂直虚线为B/C = 1，此时从全球的角度来看，银行的救助在经济上是富有效率的。方形线代表超国家的解决方案，所有的欧洲的收益均被考虑在内。实线是多数投票规则，即参加国的投票是0.5或更高。虚线是合格的多数投票，其中大部分是0.74阈值票。虚线是一致同意，即所有国家的银行资产必须同意救助。十字线代表母国救助的概率，由母国承担救助的所有费用。

Source：Schoenmaker and Siegmann（2012）.

样本 B 为北欧联合银行的救市概率。因其 5% 的资产在欧洲以外，超国家救助的概率迅速增加了 1，达到了 1.06。因其资产分布在四个国家，在相关收益取值在 0.8 到 2.3 之间时，母国救助的概率为零。在责任分担情况下，救助的概率向超国家曲线靠拢，此时多数票救助的概率最高，紧接着是合格的多数投票和一致同意。

样本 C 为意大利联合圣保罗银行，该行在母国意大利以外的经营活动很少，因此结果容易预见。

表 5-4 　　　　　　　　银行集团的平均相对收益

	超国家	多数投票	合格多数投票	一致同意	母国原则
全球银行	2.69	3.28	3.33	3.51	4.25
欧洲银行	1.22	1.31	1.37	1.50	2.88
国内银行	1.14	1.24	1.25	1.33	1.42
集团银行	1.47	1.67	1.69	1.80	2.33

注：表 5-4 显示了欧洲排名前 30 位的银行平均相对收益以及上述银行的收益总计，并依照超国家、多数投票、合格多数投票、一致同意和母国原则等情形计算出平均相对收益。合并效用基准为 1（也就是 $\frac{B}{C} > 1$）。

Siurce：Schoenmaker and Siegmann（2012）.

超国家救助的概率在 1.05 时为 1。因银行 4% 的资产在欧洲以外，所以救助门槛不为 1。因为母国是唯一的救助方，成本分摊法则（多数投票、合格多数投票和一致同意）以及母国原则均在一条线上。考虑到评价救助收益的主观性，在相关收益低于 1.05 的区间时，救助的概率并不为零。当相关收益上升至 1.65 时，救助概率为 1。

表 5-4 总结了各组银行的结果。所需收益的有效基准是 1，在该点收益等于成本 (B/C=1)。至于超国家的做法，全球性银行所需要的收益是平均 2.69，欧洲银行 1.22，国内银行 1.14。这是地域离差的直接结果，全球性银行最大，国内银行最小。所有 30 家银行的总平均情况是（见表 5-4

底行），多数投票与有效多数表决之间相对收益的差值仅仅是0.02，相对于1.67的多数表决的平均水平而言并不算大。与一致同意的差值相对大一些（0.11），而母国规则则需要2.33的平均收益方可实施救助。这证实了图5-4中的直观结论。多数和特定多数表决导致类似的结果，一致投票效率较低，但仍远远超过母国解决的方案。第4章已经指出了金融大危机期间本国解决方案的效率。本节中的模拟结果证实了之前的结论。

就效率而言，超国家的解决方案相比母国方案提高了65%（母国方案距1的有效基准为1.33，而超国家设定的偏离度仅0.47）。注意：（1.33-0.47）/1.33=0.65=65%。而合格多数票的方法较母国方案改善了50%（母国方案距1的有效基准为1.33，多数表决是0.67）。注意：（1.33－0.67）/1.33=0.50=50%。这些数字表明，有关协调机制的探索有助于解决金融三元悖论。

5.3 蕴含的道德风险

国际危机的管理安排可能会引发银行的救助预期。通过向政府转嫁部分下行风险，银行可以承担更多的风险，这是众所周知的道德风险问题。有学者认为危机管理安排是贷款人最后的手段，用来支持其偿债能力，不应事先被认定为是对道德风险的背书（Rogoff 1999；Jeanne 和 Zettelmeyer 2001）。首先，注资只在社会效益大于成本时才予以考虑，否则国际银行应该被关闭。接下来，在是否注资这个问题上保持建设性的模糊（混合战略博弈）可能有助于控制道德风险（Freixas 1999）。银行（及他们的责任人），就会不完全依赖于政府救市，从而降低期望值。

但第2章的模型表明，在分担责任上表现出更多的模糊性的话，会导致比社会最优更少的注资。我们的目标是要在国际层面上达到目前在国家层面上所保持的清晰度。在国家层面上，财政部承担支持银行运营的金融风险，如果发生金融风险的话，自然就会决定采取何种措施。在国际层面，当一家国际银行陷入困境时，如何在国家财政部间分担费用保持一定的清晰度，此种情况下所导致的道德风险，并不会比在国内银行倒闭时的国家层面上的道德风险更多。在与查尔斯·古德哈特早期的工作中，我们提出危机管理完全透明的安排，即"如何做"的问题，但这些安排在实施过程中呈现出建设性的模糊，即"是否做"的问题（Goodhart 和 Schoenmaker 2009）。

尽管这样，还是应尽可能地控制住道德风险。一个重要的原则是，在同一地域内将监管和金融防护网整合到一起。因为任何防护网（表现为贷款人的最后手段、存款保险、资本注入等形式）都会产生道德风险，监管应监测和缓释过度的风险摄入。但是，我们如何确保监管处于一个适当的水平？

首先，可以用标准的委托代理理论进行解释。为建立正确的激励机制来促进适当水平的监管，应考虑到道德风险的整个"成本"。经济学家称这是一种激励相容的机制（Dewatripont 和 Tirole 1994）。委托人（亦即安全网的提供者）应对代理人（亦即监管者）进行权利转让。对于国内银行，财政部即扮演了监管机构委托人的角色。对于跨国银行来说，行使危机管理的国际机构（财政部联合体）是主要的国际监管代理人（与各国监管协同工作）的委托人。全球和欧洲层面潜在的制度性安排将在第7章中讨论。

其次，对综合性银行较高的资本要求多少能有助于减少过度冒险，对全球系统性银行额外资本要求的目的正是如此。如第1章所讨论的，全球系统性银行的资本附加范围为1%～2.5%（见表1-1）。虽然 Basel III 提高了资本要求，但对全球系统性银行杠杆经营比率并未提高。如果与资本要求保持一致的话，全球系统性银行的杠杆比率应提高3%～4%。此外，我建议提高资本要求（包括资本充足率和杠杆率）应适用于所有属于一个国际协调机制的银行。这样一来，过度摄入风险的行为可能会受到遏制。

最后，处置方案对限制道德风险是有帮助的。处置计划可能会允许系统重要性银行倒闭，或者至少对其进行有序清算而不对纳税人造成过分的负担。如在第1章中所讨论的，事前的目的是恰当落实一系列条件，这些条件要比救助整个银行的选择更为广泛。处置计划的一个要素是简化法律架构，监管者有权强制执行重组，这对于拥有无数法人实体的大型、复杂的全球性银行尤其重要。因此，监管者可以借助处置计划，要求国际银行保持机构的透明性和连贯性。

因为处置计划应涵盖全行，所以就必须有一个整体的处置方案，也就是"单点"方法（the "single point of entry" approach），而不是一系列的国家处置计划叠加在一起，亦即"多点"方式（the "multiple point of entry" approach）。然而，目前尚没有一个跨境的、经国际商定的框架来对银行进行处置，或者说在目前银行清偿能力不详或者有限的情况下，同一个银行集团内没有一个权力大于其他部门的处置机构。理查德·赫林（2010）认为，有一个至关重要的公共利益，即关注对金融体系公正性的信心保护，有必要赋予监管者权力，将破产程序延伸适用于破产倒闭母行的国内和国外子公司。系统重要性金融机构的标准破产模型的逐步发展将推动这一进程（Avgouleas，Goodhart 和 Schoenmaker 2013）。这样的标准破产模型还提供了强大的激励机制以简化企业结构。一旦达到标准破产制度的条件，对陷入困境银行集团的索赔就应该通过这种破产制度来进行。

英国央行副行长和金融稳定理事会的处置指导小组主席保尔·塔克尔（Paul Tucker，2012），提出要探索如何用单点法来"自上而下"地处置复杂的银行集团。在对这样一个自上而下的集团进行处置时，可以由控股公司或顶尖的银行机构发行自救债券（参见第3章公司结构的部分）。自救债券是一个新概念。债券是一种债务形式，正因为如此，其受偿顺序高于股票。当银行倒闭时，债券持有人更容易实现偿付，因为股票持有人有义务偿还债权人的债务。在过去的这次金融危机中，政府为银行提供了实质性支持，绝大多数债券持有人都毫发无损，甚至包括那些持有次级或初级债券的。而理论上，这样的债务设计，本意是在危机时要承受损失的。为了纠正这样的做法，我的建议是，在要求纳税人承担损失之前，先让债券持有人丧失其部分投资，对银行进行"内部纾困"（bail in）以分担未来的财务负担。

这种自上向下的方法非常值得期待，因为它强调了集团的处置。它也可作为对国家监管的制衡力量，后者似乎更倾向采纳多点法的自下而上的国家处置计划（只处理自己的监管范围的外部性），而不是共同开发集团处置方案。根据阿福古力亚斯（Avgouleas）和古德哈特的共同研究，我们建议在处置计划中建立一个中央银行（流动性支持）和财政部（资金支持）的责任分担机制（Avgouleas，Goodhart 和 Schoenmaker 2013）。如前所述，通过责任分担来明晰处置资金的可能来源，有助于培育共同监管的激励机制。

在一份咨询文件中，金融稳定理事会（2012c）提出了两个解决策略：单点策略和多点策略。单点策略与全球性银行模式自然契合（见图 3-1）。这一战略涉及母公司或控股公司处置权的应用，这些公司大多数由母国的单一处置机构负责全球的统一监管。特定子公司的资产和运营维持在一个持续性的基础上，从而避免了对一个集团内较低层级的机构来进行处置。正如在 5.1 节和 5.2 节中所讨论的，这种自上而下的策略与国际协调的方法是一致的。相比之下，多点方式适用于去中心化的全球银行模式（见图 3-2）。此策略涉及的处置权力由集团内两个或者更多的处置机构来执行，策略还包括了一个集团分解为两个或两个以上的单独部分。这种自下而上的策略与一个国家策略相似，基本上没有协调合作，或者是有限程度的合作，在下面的第 5.4 节中将会进一步讨论。

5.4 没有协调合作

到目前为止，本章探讨了对各国政策进行协调以解决金融三元悖论。但是，如果没有政治上的支持，国际协调会有怎样的结果？另一种解决金融三元悖论的办法是不再实施财政一体化，而是回到本国银行的老路上。一个极端的版本是分解银行的所有海外业务，从而完全成为各个国家的银行。一个更为现实的办法是，由独立的子公司经营海外业务，自给自足。为满足监管要求，这些自给自足的子公司需要自己掌控好流动性和资本。这些流动性和资本金要求会被单独计算，对给集团带来的任何多元化的好处均忽略不计。此外，为了使这些子公司真正自给自足，关键的管理功能和系统，如风险管理、审计、财务、IT人力资源等，需要在子公司层面运作，这样又会导致集团内的重复设置。

但这种以自给自足的子公司模式存在的分散化银行体系，会产生高额成本（Cerutti 与其合作者 2010）。一个完整的成本效益分析应同时计算成本对金融体系和整个经济的影响。在金融体系方面，由于没有资金的跨境支持，跨国银行须建立单独的资本和流动性缓冲。塞鲁蒂（Cerutti）和合作者（2010）第一次研究这个论题时，模拟了欧洲25家主要跨国银行，当信贷危机冲击他们的中部、东部和南部欧洲（CESE）机构时所产生的潜在资金需求。该场景预设的信贷冲击为：GDP下降了2%而利率上涨了2%。由于这种信贷冲击，不良贷款额急剧上升，从而导致了上述银行CESE子公司亏损。模拟结果表明，在围栏政策下（独立子公司），样本银行集团对缓冲资本在母公司和/或附属公司层面均有相当大的需求。

更具体地说，在围栏政策下，没有过剩资本（超过最低监管要求的资本）和母行或子公司的利润的再分配。如果受到信贷冲击，自给自足的子公司用以恢复最低监管资本的新资本要在当地市场或从当地货币当局筹措。与此相反，在银行集团且没有围栏的情况下，多余的资本和利润结余可以首先用来满足资本需求。塞鲁蒂和合作者（2010）发现，由CESE国家冲击所导致的总资本需求，围栏样本银行比无围栏的情况高出2倍以上。在围栏政策下需50亿美元的额外资金来恢复最低监管资本要求，没有围栏的情况只要200亿美元即可。

在经济方面，资金成本可能在欧盟成员国间开始分化。银行业单一市场的目的是整合银行市场，从而将整个欧盟的借贷成本压至最低（参见Guiso及其合作者2004）。当银行市场是分割状态时，银行市场的借贷成本可能会上升，因为这个银行市场是由对资本和流动性缓冲有更高要求的国外独立子公司占据着。这种说法也适用于全球范围。特别是对发展中国家而言，来自发达国家的外资银行的进入有助于提高所在国金融市场的竞争力（压低资本成本），并转让专有技术（例如，包括风险管理、信用评分和支付系统等方面）。

另一个经济因素是对金融稳定性的影响。国际银行一方面更容易传播金融震荡，另一方面也有助于国际风险分担。按国家分割的金融体系可能会降低国家层面的金融稳定，尤其是当经济周期在国家间不同步时，这一理论确切无疑。商业周期是信用风险的一个重要驱动因素，也是银行的主要风险之一。在实证研究中，斯利克曼（Slijkerman，2007）认为，国内银行的合并增加了合并后的新银行的下行风险，而跨境并购有分散信贷风险的功能，从而达到对下行风险进行缓解的目的。

最后一个问题是，独立的子公司在何种程度上能有效地维护金融稳定？子公司的职能分离真的可能吗？假设子公司或母行倒闭所造成的影响仅仅局限于本地经济中，但是，正如在第3章中指出的，一个银行集团的残留部分可能很难继续运营。由于（声誉）传播风险，交易对手可能会停止剩余部分的贸易或资金往来。此外，为有备无患，存款人可能就此走开。

5.5 结 论

政府间的协调，可以通过一个超国家机构或参与国之间达成的有约束力的责任分担协议来实施。模型显示这些协调机制提高了国际银行救助的效率，从而促进全球金融稳定。第一组的经验估值表明，相比目前实施的母国救助策略，效率分别提高了 65％ 和 50％。因此，所建议的解决方案是有利的，并且通过有约束力的合作实现各方的共同收益。

为削减因建立国际安全网所附生的道德风险，我建议对全球系统性银行（所谓的 G-SIBs）采取资本附加，适用于所有被安全网覆盖的银行。更多的资本要求减少了过度冒险。此外，应该对这些银行实行有效的集团解决方案。道德风险由此可以遏制，国际合作的真正障碍在于政治，下一章将讨论国际救助的政治经济学。

国家之间的协调也可通过维护国家金融政策来实现。金融三元悖论指出，国家金融政策有可能遏制国际银行（假设国际金融的稳定是可取的），国际银行于是成为一批持有较高资本和流动性的独立的子公司。这一做法成本较高。此外，第 3 章挑战了这一战略的可行性。因为声誉风险，市场投资者仍然可能把独立的各个国家的银行视作为一个国际银行。通过一个共同的品牌经营，银行有意无意地强化了这种看法。

第6章　政治经济学

相同的身份可以促进跨国组织成员之间的合作。各国间共享一个统一的跨国身份有助于重视彼此之间的合作，并且更有可能促进跨国合作……在身份共享和经济相互依存的条件下，国家间不会太担心跨国集团内的相对收益。这有助于增进信任并克服集体行动问题。

布鲁斯·克罗宁，1999

金融三元悖论尽管是一个以经济学为基础的概念，真正的挑战却来自于政治。经济模型支撑金融三元悖论，即（1）全球金融稳定，（2）国际银行，以及（3）国家金融政策，这三者是不可兼得的。其中的任何两个政策目标都可以同时达到，却不可能同时完成三个目标；必须给定一个目标。政治领导人必须选出其中的两个政策目标。

这与货币三元悖论并行。货币三元悖论表明，国家货币政策和固定汇率不能与资本自由流动同时共存，参见第1章所述。货币三元悖论的有效性，在欧洲发生的几次货币危机中得到应验。为解决货币三元悖论，由当时的主要政治家推动，建立了经济和货币联盟（EMU）。政治家们放弃了独立的国家货币政策，以换取在成员国之间形成固定汇率，最终将国家货币转换成欧元。

欧洲持续的主权和银行业危机促使当前欧洲政治领导人考虑建立一个银行联盟。与货币和金融稳定是同一枚硬币的两面这一中央银行的格言相一致，这样的银行联盟将是现有货币联盟的自然补充。下一章将阐述这样一个问题，即货币和银行业联盟是否需要一个十分成熟的财政和政治联盟。

本章讨论的是全球治理的政治经济学。许多观察家质疑对国际银行治理采取全球方法的可行性（Frieden 及合作者 2012）。这其中存在巨大的政治障碍，尤其是采用地区的方法治理美国的金融危机。然而，正如本书所分析的那样，正常情况下，应当进行国际监管和处置。现有的状况是不可持续的；当一个全球性银行面临困境时，很有可能发生协调失败这种情况。

对于银行治理结构的设计，政治家的角色当然重要，除此之外，监管者和被监管银行也能够发挥作用。将监管和处置国际银行的标准提高到国际水准还是维持国家标准，这其中的驱动力是什么？尽管监管者倾向于维护国家的治理安排，但是银行发现，采取国际治理有利于避免国家层面上更多的资本和流动性要求。

6.1　政治家的关键角色

分析国际政治，人们首先需要了解，国家的规模大小是由什么决定的。艾莱辛那（Alesina）和斯波劳雷（Spolaore）（1997 和 2003）在这个领域做了开创性的工作，阐述了如规模经济、外部性内部化和人口偏好的异质性成本等因素之间的规模利益权衡。像金融稳定、气候控制以及国防等公共产品最好由全球统一提供。在这种情况下，全球政府合并吸收所有外部性并实施最优政策。相比之下，规模小的同质性国家，人们拥有共同的文化、语言和身份。作为同一个国家的一部分，意味着遵守一套相关政策。较大的国家因为人口的异质性增加而难以管理。有趣的是，随着经济融合（如促进跨国交易）的逐步发展，国家的规模逐渐变小。自第二次世界大战以后，国家的数量几乎增加了两倍。只要继续开放国际贸易，小国就能够蓬勃发展。

艾莱辛那（2003）认为，在考虑超国家机构的角色时，需要进行同样的权衡。超国家机构能够处理大的规模经济和大的外部性，以及低的异质性偏好。这些超国家机构需要各个参与国分担责任。关于责任分担是非常有争议的，这也是第5章和第7章的主题。我和查尔斯·古德哈特在关于这个话题的第一篇论文里，提供了具有法律约束力的责任分担的例子，这个例子满足了艾莱辛那(Goodhart 和 Schoenmaker 2006)的两个条件。这个例子表明，责任分担在过去以及现在都是可行的。

在20世纪60年代，经济合作与发展组织（OECD）核能机构的一些成员国在《巴黎公约》和《布鲁塞尔补充公约》中达成一致，一旦发生核事故，将分担责任成本。这些公约的作用参见本章附录中的解释。艾莱辛那的第一个条件，保障核安全是一个明显的具有大的外部性的公共利益。此外，共同分担成本有利于激励预防核事故。其第二个条件，很明显是同质性偏好；每一个公民都希望核电厂和主管部门尽最大的努力来保障核电厂安全，如果发生事故，则共同管理危机（对于国家之间共担成本这一点没有争论，却有可能会延误采取适当的行动）。当然，核能的异质性倾向是非常高的（国内和国家之间）。一旦核能投产，公民关心的核心问题则是安全。

弗里登（Frieden）和合作者（2012）在《世界经济的日内瓦报告（十四）》中，以同样的方法讨论了金融大危机后未来的全球合作。他们提出三个主要问题。首先，规范性理论的很多方面对全球治理所能提供的支持相对有限。在许多经济政策领域，经济问题可以很有效地在国家层面解决。当大量的外部性无法在国家的经济和政治制度中内在化时，国际合作确有必要存在。

其次，有可能是国内的政治障碍。国际合作通常是指那些有争执的国家之间做出妥协，放弃争执以求达成共同的解决问题的方法。换句话说，合作需要在国家层面上作出一些牺牲，愿意放弃国内政治支持的国家政策以有利全球协作。虽然最终的结果对国家（以及世界）来说大体上是积极的，但这种变化很可能威胁到强大的国内利益。毕竟，如果合作是有意义的，就需要各国政府放弃在国内采用的政策，即使这种政策的采用可能有强大的国内政治原因。

最后,偏好可能是异质的。这一点在过去的十年里变得越来越明显，即有意义的国际合作将不得不包括一些主要的新兴市场。最为明显的例子是国际社会与中国的合作，也包括与印度和巴西以及其他国家的合作。然而，与全球合作相关的国家组织的扩张，也意味着将国家间差异很大的关注和观点一同纳入进来。

依照这些标准，如何评价全球金融系统的稳定性？规范性理论（normative justification）关于强制合作的理由很明确。外部性很强大，所发生的金融大危机强调了这一点。第2章的理论模型也证实了即兴合作（无约束力的事后合作）会导致全球金融稳定这一公众产品提供不足，因为国家当局无视跨境外部性。多边合作则可以解决这个问题。

跨境外部性的强度取决于一体化模式。鲍尔温（Baldwin，2011）提到了20世纪90年代工业和贸易的转变。在此之前，成功的工业化意味着建设一个国内的供应链和出口制成品。如今，工业化国家加入供应链和扩大外包生产。在这个新时代，跨国公司同时在几个低成本国家进行生产。以类似的方式，一些金融机构将生产流程分散在不同国家，资金部门在一个地方，后勤部门在其他一些地方。为了使这样的分工发挥作用，必须在不同的国家进行深度整合（统一规则）。北欧联合银行就是这样一个典型的例子，它将业务划分在四个北欧国家进行运营。另外一个例子是大型批发银行，它们通常在伦敦和纽约进行重要的运营（在中国香港和新加坡也渐渐增加）。为了适应这种整合，可能需要通过双边条约而不是多边条约进行更深层次的合作。有鉴于此，英国的中央银行和美国的联邦存款保险公司（FDIC）正在密切合作，共同研究两国大型国际银行的集团处置计划。

对双边和多边合作来说，国内的政治障碍依然令人望而生畏。在全球层面上，主要经济体美国迄今仍遵循面向国内利益的货币和财政政策。欧洲（在较小程度上）也热衷于遵循自己的政策，国际机构充其量起到有限的作用。在货币政策方面，美联储能够进行充分的国家控制以及设定利率来实现国内物价稳定和充分就业，至于汇率则允许波动。在金融政策方面，美国采用了属地的做法，首先看重国内存款（见下文第6.3节）。此外，在国际范围内，只有美国一个国家在国际货币基金组织里拥有否决权。但是，随着亚洲金融危机和金融大危机的发生，人们开始重新考量国际货币基金组织的治理框架。在新的全球环境下，中国、印度、巴西、俄罗斯和南非（金砖五国）等新兴经济体要求在国际货币基金组织里发挥更大的作用。如果想避免这些新兴经济体退出国际货币基金组织，美国也许不得不考虑放弃否决权。另外，金砖国家可能会试图聚集15%的少数否决权。别忘了，欧洲也有超过30%的否决权。

然而，美国也要为其霸权付出代价。美国作为东道国，在金融大危机期间依靠其自身力量对美国金融机构的救助，也让其他国家受惠。典型的例子是对AIG美国国际集团的救助。美国国会监督小组（2010）估计，因为AIG集团业务的国际性质，其获得的问题资产救助当中大约620亿美元和其他政府资金流向了外国机构，主要是欧洲银行(见第2章和第4章)。

在欧洲,进一步合作的主要政治障碍也同样存在于德国这个欧洲最大的国家。德意志联邦银行更是不愿意加入经济和货币联盟。历史总是重演，截至本书撰写时，德国央行仍试图限制欧洲央行在协助困难重重的南欧国家时的作用。与政界关系密切的银行是另一个集中统一权力的障碍。

古德哈特（2012）认为，从更广泛的意义上说，西方国家可能不希望将主权和政治权力转移到全球层面。在一个民主的、一人一票的世界体系里，国家之间的主要不平等是指富裕的西方发达国家最有可能输给贫穷的、多人口的世界南部和东部。因此，北美和欧洲最有可能反对成立一个真正的世界民主制度。

何谓最优选择尚不明朗？所有国家能够达成共识的是，银行应该持有更多的资本并改进处置程序，以减少纳税人在未来发生危机时所要付出的潜在成本。金融稳定需要财政支持。与在不同国家的多个集团间进行财政再分配相比，在一个联系严密、相似度高和凝聚力强的国家内部进行财政再分配则更容易一些（Goodhart 2012）。尽管国际经济活动可能会促进国际交流及相伴而来的"跨国"身份（Cronin 1999），却无法改变这一事实，即民族国家的国家身份认同和统一的意愿仍然强烈。因此，一国公民和他们的政府不太愿意预先承诺分担责任，更不愿意赋予超国家机构直接的征税权力。所以，一个超国家的机构不得不从成员国筹集资金，谢林称之为政府间的税收（1955）。

由此，值得关注的一个问题是，超国家的机构动用资源来维持公共利益时，是否每一次都需要成员国的明确批准。比如在接下来的章节中要讨论的国际货币基金组织。每当国际货币基金组织希望给有需求的国家贷款时，就需要由代表各成员国执行董事组成的国际货币基金组织董事会进行投票。美国和欧洲国家之间经过长期的争执，只是在2001年至2002年期间同意对阿根廷进行一揽子救援。巴雷特（Barrett，2007）指出，国际机构不得不用一只绑在背后的手进行运作（operate with one hand tied behind their back）。

6.2 监管者和银行的地位

尽管政治家们是全球治理的最终决策者，监管者和银行（作为被监管机构）也与此休戚相关。如前所述，监管者越来越倾向于采用国家的做法。比如，东道国的监管者要求（非正式的）将子公司作为主要零售业务运作的形式。另一个例子是东道国对某些资产实行的围栏原则。由于国内的监管工作对等级制的国际监管不感兴趣，所以国家的做法能够反映出监管偏好。有鉴于此，监管者倾向于保持现状以维护既得利益。此外，国家监管当局（监管者以及中央银行和财政部）也愿意与他们的大银行（也被戏称为全国冠军，Boot 1999）维持亲近舒适的关系。

更乐观的看法是，监管者在政治上会与他们的后台老板保持一致。由于国际合作没有任何政治进展，通过采取国家的做法，监管者认可金融三元悖论这一理论的合乎逻辑的结论。他们从金融大危机中得到了经验教训。在此背景下，英国金融服务管理局（FSA）主席阿代尔·特纳（Adair Turner）认为，对于跨境银行的监管，我们既需要更多的欧洲统一体权力，也需要更多的国家权力。更具体而言，《特纳评论》（Turner Review）（2009，99）指出：

除非愿意对这一（有限的国际合作）做法进行改变，并寻求一个如高校监事会机制那样的更为统一协调的方法，来进行全球金融监管乃至财政支持，才可能做出重要的但仍然是有限的贡献。统一协调方法可以确保国家监管机构之间更好的信息流动，实现国家监督行为的自愿合作，这将会减少公司走向破产边缘的可能性。但此方法不能提供完全一体化的全球监管，因为干预这一法律权力本质上是国家性的，也因为各国政府寻求国家监管以保护国家利益。

采纳国家方法的另一个理由是法律和监管体系的国内属性，处置机制的法律框架是国家层面的，银行业的监管框架也是如此。例如，巴塞尔资本框架需要通过国家立法来实施，以获取完整的法律权力。对如何实现新Basel III的资本规则，欧盟委员会采取更核心的方法。大多数新资本规定(所谓的第四资本要求指令（"CRD IV"）的一揽子立法)不是依靠传统的指令而是依靠行政法规来实施。虽然指令也必须通过国家立法来实施，行政法规却可以在整个欧盟直接应用。通过这种方式，欧盟委员会形成了银行监管的单一规则手册。

国际大银行都赞成采取一体化的处置方法。国际金融协会（IIF）作为其游说组织，呼吁制定规范银行处置的国际公约（国际金融协会2012）。银行选择集团处置以避免在国家层面上要求较高的资本和流动性。毫无疑问，全球一体化的银行是非常赞成采取全球治理方式的。但是，以各个国家子公司面目出现的全球非一体化银行在说服监管机构上也有同样的利益，一旦发生危机，他们愿意采取集团行动，以避免东道国要求更多的资本和流动性。当危机发生时，对于需要资本和流动性的集团来说，这种方法更有效，也有利于稳定。

同样，欧洲金融服务圆桌会议（EFR）作为在欧洲主要的银行和保险公司的游说组织，坚决支持在集团层面上进行统一监管，以避免在国家层面上的重复监管（EFR 2009）。为呼应危机管理所采用的方法，欧洲金融服务圆桌会议提倡采取集团处置的方法。此外，欧洲金融服务圆桌会议主张，行政法规（包括危机管理框架）对银行采取何种经营模式应该保持中立（EFR 2011）。

无论是一体化的集团还是由各个子公司组成的集团，他们确实需要集团处置的方法。但是，欧洲金融服务圆桌会议认识到，监管的重心分别在于两个方面：一方面是母公司集团管理和统一的监管/处置当局，另一方面是属地管理和东道国监管/处置当局，与统一监管与集团管理之间的协调合作。例如，对于一体化综合性集团，这意味着该处置计划首先应在本集团层面考虑。对于重要的子公司，可以依属地原则进行处置，但在形式和内容上应该与集团处置计划相一致。

6.3　国家不同,方法不同

虽然全球范围内支持更多的资本和更好的处置，不同的国家对其大银行（国内的和国际的）的治理采取不同的方法，就如在出现货币三元悖论的情况下所做的那样。为此，我们希望能有个创新的方法来解决金融三元悖论。关于全球治理的这些国家差异，一方面与具体情况相关（例如，与欧洲相比，亚洲和美国跨境银行较少），另一方面与政治信念相关。

到现在为止，美国选择了属地方法，这意味着采取保护国家的策略，包括本国储户优先原则和对外国银行分行采取围栏原则。这种属地做法显然阻碍了采用统一方法的国际合作（汇集所有资产，在平等基础上偿还国内外储户），反映了美国在全球金融体系中作为主要参与者的传统地位。现在情况则有所变化，权力正在转移：2012年排名前15位的世界银行中（银行家2012），美国有4家，亚洲有5家，欧洲则有6家。而且，亚洲银行在国际排名中正在上升。

相比之下，欧洲采取更统一的方法，例如，根据母国的法律优先权，由所有的债权人分享全球资产。英国作为最大的国际金融中心，也采取这种单一实体方法。此外，欧洲对欧洲银行享有国家和超国家的混合权力。迄今为止，欧洲对他们欧洲自己的治理采取了循序渐进的方法。但是，欧洲决策者正面临根本性的抉择，是保持国家的全部财政权力，还是预先采取责任分担建立银行联盟来削弱国家主权。

到目前为止，由于亚洲的银行体系在国内占据主导地位，因此对全球治理不感兴趣。中国最为典型，其金融体系的国际化程度不高。人们感兴趣的是，中国的大型银行是否会跟随中国大型企业海外扩张的步伐而走出去。我们有理由相信，中国的银行会采取跟进客户的方法。尽管亚洲银行体系的国际化程度有限，中国、印度和韩国等亚洲的新兴经济体，正理所当然地要求在国际货币基金组织、国际清算银行、金融稳定理事会和二十国集团等国际舞台上拥有仅次于日本和澳大利亚的位置。

更多的资本要求

巴塞尔委员会和金融稳定理事会在金融大危机后，开始在全球范围内设计主要的政策措施。第1章探讨了更多的资本和更好的处置制度等这些非常受欢迎的新规则，同时也指出，缺乏开展国际合作的激励机制。相对于其经济规模来说，一些国家拥有较大的银行体系，这些银行在金融大危机期间需要大量的政府支持，正逐步采用更高的资本要求，并且远高于新Basel III所规定的资本标准。如瑞士和英国宣布为其大型银行提高资本标准。

正如第1章所述，Basel III的资本要求包括普通股本的7%（最低要求为4.5%，资本保护缓冲2.5%）和13%的总资本比率（包括全球金融系统重要性银行最高2.5%的附加费）。瑞士和英国对其大型银行的资本要求为普通股本的10%。对于总资本比率，瑞士要求为19%，英国则为17%。尽管要求3%的普通股本多于自有资本，较高的整体资本充足率也可以通过损失吸收债（loss-absorbing debt）予以满足，包括或有资本（通常被称为或有可转换债券CoCos），因危机或满足一定的触发因素，这种债务通常转换成股本。

在杠杆率方面，这两个国家也有所不同。瑞士对其两大银行瑞士信贷和瑞银的杠杆比率增加至4.56%，巴塞尔最低规定为3%。尽管银行业独立委员会（2011）建议英国给予类似的4.06%的增长，财政部还是主张让其大银行保持巴塞尔要求的3%最低杠杆比率。但英国的央行行长安迪·霍尔丹（Andy Haldane，2012）主张实施较高的杠杆率。尽管英国财政部（连同议会）对英国的法规制定有最终的发言权，但这场争论似乎还没有在英国得到解决。

改进的处置制度

除了要完善资本和流动性规定，各国正改善自身的处置程序，研究结构改革（将零售和批发分开）并采取宏观审慎政策。各国遵循不同的方法来改进其破产制度，这有赖于金融大危机期间各国家不同的特别经历。自北岩银行于2007年9月惨痛破产后，英国在《2009年银行法案》中对银行引入了一种特别处置制度，这种从一般破产机制分离出的特殊机制能够以公众利益为出发点对银行进行处置，同时将英国央行规定为处置机构。美国的《多德–弗兰克法案》对大银行引入了特定的处置制度，创建了新的流动性机制，即"有序清算机构"（Avgouleas 2012）。新机制的目的是通过对联邦存款保险公司（FDIC）提供系统重要性银行有序清算的工具，来减少对大型银行以纳税人资助为基础的救助。欧盟委员会最近提出的适用于欧盟范围内的对银行进行恢复和处置的规定，对于推动整个欧盟的持续改革至关重要。其他国家也开始实施特殊的处置制度。

但是，在金融稳定理事会的多个成员国当中，各国的处置机制与金融稳定理事会的《金融机构有效处置框架的关键特征》（以下简称《关键特征》）还不完全一致，我们在第1章中讨论过这个话题。目前正在进行的改革，其目的是使处置机制与《关键特征》更紧密地结合。尽管如此，重申一下我在第1章的观察，即《关键特征》对有效的国际合作不提供激励机制。在最好的情况下，我们或多或少可能获得一个协调一致的处置机制。

结构性改革

政府对陷入困境银行的大力支持，引发了各国对如何解决大而不能倒这一结构性改革问题的激烈争论。瑞士的专家委员会只选择大幅提高资本的做法，但回避对两大瑞士银行进行拆分的结构性改革。《多德–弗兰克法案》引入了所谓的沃尔克规则，即禁止吸收存款的银行进行自营交易，这是一个相对温和的结构性改革。

英国维克斯委员会在一份影响深远的报告中，建议将大型全能银行拆分成相互隔离的零售和批发两部分（《独立委员会论银行业2011》）。如果从系统性方面考虑，只有零售部分才可能得到政府的支持。具有讽刺意味的是，正是由于雷曼兄弟的投资银行而不是零售银行的破产，导致了金融大危机的发生。因此，尽管维克斯的报告可能会减少纳税人的潜在责任，但是否也同时促进了英国金融系统的稳定性还有待观察。有趣的是，维克斯委员会最初就提出了隔离大银行的英国零售业务。当发现这样的国家层面上的方法将违反欧盟有关非歧视的规定后，该委员会随之便扩大了对欧洲经济区（EEA）储户的范围。尽管如此，该委员会还是强调了本书的中心论点，即国家监管部门通常把国家利益放在第一位。

2012年2月，欧盟委员会针对欧盟银行业结构层面组建了一个高级别专家小组，在埃尔基·利卡宁主席（芬兰央行行长和前欧盟委员会的成员）的主持下，在他们的最终报告里，利卡宁和合作者（2012）建议将高风险的交易（证券和衍生品的自营交易）分离为独立的法人实体。相比维克斯的报告，利卡宁的建议则比较保守。维克斯的报告建议投资银行业务从零售银行业务中完全分离出来，而利卡宁团队建议：仅当交易达到银行经营的一定份额时才进行拆分，如超过15%～25%的银行总资产或超过1 000亿欧元时。这种假设是银行能够做一些交易，以抵消其与零售和企业客户做业务时的敞口风险。基于利卡宁的报告，欧盟委员会将在欧盟提出一项有关银行改革的立法建议。

宏观审慎工具

一些国家则采取宏观审慎政策以加强金融体系的稳定。其中需要考虑的一个重要方面是防止资产价格暴涨而动摇金融体系和整个经济。切记，金融大危机就是始于美国房地产市场的繁荣和随后的萧条。尽管如此，到目前为止，美国和欧洲在实施这些宏观审慎政策方面一直进展缓慢。

窗体顶端

一些新兴市场国家和地区，尤其是亚洲的国家和地区，对开发和利用宏观审慎工具积极性很高，并且取得明显效果。例如，这些国家和地区积极运用按揭比率（LTV）来限制资产价格暴涨。只要房价在不断增长，当局就会降低按揭比率，导致购房者的借款数额降低，而需要更多的自有资本购买房子。这种信贷约束将放缓以信贷融资为主的住房价格上涨。中国香港已经施行了近20年的按揭比率政策。此外，中国内地、韩国、马来西亚、新加坡和泰国的央行也下调了按揭比率，以抑制房价虚高。美国和欧洲仍未能因时而变来积极运用按揭比率这一政策。亚洲的经验是，央行采取不同策略，对整个经济普遍性使用利率工具，对住房等某一特定领域有针对性地使用按揭比率政策，将这二者强有力地结合起来就能够达到货币和金融稳定的目标。在欧洲，欧洲系统性风险委员会（ESRB）（其秘书处设在欧洲央行）目前仍处在设计宏观审慎工具的阶段。欧洲系统性风险委员会的任务包括收集和分析与宏观审慎监管相关的所有信息；系统性风险的识别和优先次序；采取补救行动的建议；与欧洲监管当局的合作，包括系统性风险指标的制定和压力测试的演练等。虽然欧洲系统性风险委员会的建议不具有约束力，当事人却有义务在"遵守或解释"原则下作出相应的回应。换句话说，他们必须遵循建议或解释为什么他们没有这样做。

在欧洲，不同的国家采取不同的举措，以加强国家层面上的宏观审慎监管。一些国家的宏观审慎政策的法律效力仍比较模糊，不包含使用宏观审慎工具的明确授权，而另外一些国家则显得雄心勃勃。例如，英国央行建立了一个新的金融政策委员会（FPC），其主要法定责任是维护金融稳定。这与赋予银行责任却不给维护金融稳定工具的现行体制不同，金融政策委员会将提供宏观审慎工具以确保威胁金融稳定的系统性风险能够得到处理。考虑到欧洲银行联盟的前景（参见第7章），在宏观审慎监管方面，欧洲央行将牺牲银行联盟各个参与国的中央银行的作用而变得更加强势。

根据《多德-弗兰克法案》在美国成立的金融稳定监督委员会（FSOC），应提供全面的监管，以确保国家金融体系的稳定。该委员会负责识别威胁美国金融稳定的因素；加强市场纪律；应对影响美国金融体系稳定的新兴风险。美国财政部长主持该委员会，成员包括来自美联储的代表、联邦金融监管机构以及国家监管机构（没有投票权的成员）。金融稳定监督委员会的任务由三种权力组成：

协调权：金融稳定监督委员会有义务支持其成员之间的协调和信息共享。

咨询权：金融稳定监督委员会可以发布监管政策的建议。特别是对金融稳定构成威胁的金融产品和市场以及非银行的相互关联机构，该委员会可以建议新的或更严格的标准。该委员会也可向美国国会提出建议以消除监管漏洞。

系统权：金融稳定监督委员会有权要求对非银行金融机构并表监管，并设计特定的金融市场基础设施（例如支付、清算和结算）作为系统性工具，并将这些基础设施纳入监管。最后，金融稳定监督委员会在可能拆分对金融稳定构成"严重威胁"的机构这方面发挥作用。

欧洲系统性风险委员会和金融稳定监督委员会有许多相似之处（De Haan，Oosterloo 和 Schoenmaker 2012），他们对系统性风险的应急监测都有分析职能，以及在此情形下对金融系统分享和收集信息的能力。两者之间的主要区别是对金融系统进行直接干预的能力。欧洲系统性风险委员会不具备这样的能力，而金融稳定监督委员会能够将金融机构和市场基础设施置于其监管的范围之内，并决定美联储能否在其重要的新权力范畴内对金融机构进行拆分。

6.4 结 论

关于金融三元悖论的政治主张不尽如人意。虽然从经济层面上来说，有很强的国际合作意愿，但是美国等主要经济体的政治领导人，却一如既往热衷于追求本国国内利益。仅具有一国国籍而不是跨国身份的国民助推了这一趋势。在此状况下，本国之内的迁移通常比不同国家间的迁移更方便管理。

尽管如此，全球银行却越来越倾向于推动国际合作，以避免一国较高的资本和流动性要求。对政治家和国民来说，全球贸易和旅行有助于形成跨国身份，这种跨国身份对国际合作来说很有必要。在此意义上，我们看到了一个明显的趋势，即越来越多的美国公司一半以上的收入来自于美国本土之外，这是一个重要的拐点。(Tett 2012)

附录：核事故的责任分担

本附录提供了一个国际责任分担的例子，一旦发生核事故，这种基于国际公约的责任分担具有法律约束力。下面所要讲的是推进核能用于和平目的安全生产的公约，同时确保对受核事故影响的所有国家的潜在受害者给予公平的损害赔偿，是适用于责任分担的一个总机制。这个例子非常有意义，原因有二。其一，核事故造成损害的地域范围并不局限于国界。比如切尔诺贝利反应堆 1986 年的熔毁，该事故给当时的苏联和其他国家造成严重的后果。核事故的纯外部性形式（部分）解释了总机制的选择。其二，《巴黎公约》和《布鲁塞尔补充公约》是具有法律约束力的协议。该公约设立国际法庭以解决成员国之间的争端。

经合组织核能机构的一些重要成员国是《关于在核能领域第三方责任的巴黎公约》（简称《巴黎公约》）的缔约国。该《巴黎公约》订立于1960 年，《布鲁塞尔补充公约》订立于 1963 年，这些公约规定了用于和平目的的核事故中损害赔偿的数额。该条约最近于 2004 年完成修正，该方案运作机理如下：

1.核反应堆(核装置)的运营商在 7 亿欧元范围内承担责任，运营商必须确保他的责任(《巴黎公约》)。反应堆所在国在 7 亿到 12 亿欧元的范围内承担责任（《布鲁塞尔补充公约》）。

2.所有的参与国则共同分担 12 亿至 15 亿欧元的责任（《布鲁塞尔补充公约》）。

3.国际责任分担。《布鲁塞尔补充公约》基本上是由经合组织管理的西欧条约。缔约方是16个欧洲国家：前欧盟15国（除奥地利、爱尔兰和卢森堡）、挪威、斯洛文尼亚（第一个东欧国家）、瑞士和土耳其。其责任分担的安排是典型的总责任分担。责任分担有两个关键指标，其中的50%依据一国占所有参与国总GDP的份额，另外的50%依据一国领土内的热能反应堆占所有参与国总热能反应堆的比率。缔约国于2004年开始重新协商这两个指标，希望按照GDP的35%和热能的65%进行责任分担。责任分担机制自20世纪60年代成立以来尚未实施。《布鲁塞尔补充公约》第17条规定了成员国之间争端的解决方式。经过双边磋商（6个月时间）和成员国之间的多边磋商（再延长3个月）后，可以将争议提交给欧洲原子能法庭进行处理。

第7章　全球治理

国际机构促进和维护了国际合作。正如相应的国内机构一样，国际机构重塑那些决定个体行为的激励机制。所不同的是，由于没有一个世界政府，国际机构不得不用一只被绑在背后的手来行动。

斯科特·巴雷特，2007

国际合作时断时续。国际合作的周期与经济周期的波动相关。在经济繁荣时期，政治家们，特别是他们的选民更愿意在国际舞台上采取行动，开拓业务。比如说，经济和货币联盟就产生于20世纪90年代的繁荣时期。私营部门也面临着这样的周期波动。国际证券交易所和纽约泛欧交易所的合并，创造了一个全球市场，这起合并发生在2007年，就在金融危机爆发之前。新的政策措施的出台，往往是对前期经济困境的一个回应。1992年汇率机制的崩溃，导致了一个更持久的解决方案的实施，即1999年成立的经济和货币联盟。到本书截稿时，我们仍然面临着金融体系的持续危机，以及更广泛的经济放缓。到目前为止，保护主义和民族主义已有所抬头，尽管这一趋势受到一定限制，对国际治理来说很显然不是一个好时机。

尽管如此，有必要对国际银行的治理采取新的方法。只有采取全球性的方法才能够维护全球金融体系的稳定。本章的目的是对全球治理提供一个长远的视角，使我们脱离对金融体系和整个经济的更直接的现实担忧。

本章探讨了有效治理框架的设计。有必要实施将重点监管和处置政策结合起来的综合方法。其中的关键问题是合作的法律依据。正如我们所看到的，自愿合作的软法方法在危机中不能为监管当局提供足够的有效合作的动力。适当改革全球治理意味着我们必须采取以公约或条约为基础的硬法的做法。监管的独立性在国际层面上也很重要。真正的挑战是如何实施民主问责制。我们第2章提到了，罗德里克（Rodrik，2000）强调了在国际上没有议会控制的民主。在欧盟层面上，尽管欧盟增加了对欧洲议会的权力，人们还是普遍感受到民主的缺乏。良好的治理安排需要走很长的路来解决这些问题。

欧盟有几个超国家机构开始对欧洲层面进行治理，如拥有有效权力的欧盟委员会和欧洲央行。欧盟也有一个以条约为基础的法律框架，按照目前银行业联盟设想的计划，该法律框架可以适用于金融稳定和金融监管。美国的监管演进或许有借鉴意义。20世纪90年代，美国逐渐放松管制，实现银行业利率的自由化，目前美国有遍及全国的银行业联盟，如美国银行和富国银行等。由于监管和处置框架建在联邦层面，尽管其银行体系与世界任何其他地方的银行体系存在同样的问题，美国当局能够确保其稳定。

对真正的全球性银行的监管和处置存在类似的权衡是本章的基本前提。本章描述了全球治理的体制框架。这个框架就是加强全球系统性银行（所谓的全球系统重要性银行）的全球治理。现有的国际机构如金融稳定理事会，国际清算银行和国际货币基金组织，能够在这样一个强化的全球治理框架中发挥重要的作用，但是也需要进行一些重大的改革。只是规则统一而没有执行机制，这远远不够。要取得真正的进展，合作的形式必须有约束力。为了达到事前约束的效果，规则必须具有可预测性和法律上的确定性，此时就需要公约或条约（Lastra 2011）。这样的体制框架依靠有效的行政措施。

7.1 监管框架

在讨论国际机构的角色之前，我首先为这些国际机构确定治理框架。监督和处置机构的治理框架包括以下内容：

（1）方法：各个机构的任务和角色应该在一个统一框架下进行评估，以确保对监督和稳定性问题的全面覆盖以及协调各个机构的激励措施。

（2）职权：职权的范围（国家的或超国家的）应该明确，以指导各个机构的行动。职权的法律依据和广泛的监管框架应该具有强制执行力，并提供法律确定性。

（3）独立：各个机构应确保制度上独立，使之能够与政府和议会分离，独立运作。此外，监管的独立性应确保监管者能够在没有政治干预的情况下，对个案依靠他们自己的判断力和运用他们自己的权力。

（4）问责：各个机构应对政府和议会负责，以确保他们在自己的职权范围内履职。为确保对被监管机构负责，对监管措施的司法审查是非常重要的。

方法

治理框架首先从谁有权制定规则开始。对于金融行业，财政部（欧洲）通常建议金融立法，随后修订并获得议会批准。财政部因此推动政策制定的议程，并对监管框架的整体设计负最终责任。行政（政府）和立法（国会）之间权力的准确划分，依国家不同而不同。

在美国，国会发挥了重要的作用。例如，国会分别在 1913 年和

1934 年创建了联邦储备系统和美国证券交易委员会。在有些场合，政府曾经通过建立总统特别行动工作组，主动采取行动。例如，为对1987 年股市崩盘进行调查成立了总统市场机制行动工作组。尽管如此，实际上还是国会掌握权力。虽然奥巴马政府于金融大危机之后提出了一项重大改革法案，克里斯·多德（Chris Dodd，参议院银行委员会主席）和巴尼·弗兰克（Barney Frank，众议院金融服务委员会主席）却提出了修订后的版本，并最终获得采纳。该法案因此被称为《多德–弗兰克法案》（Dodd-Frank Act）。在国际层面，美国国会还通过其预算权（特别是截留或延迟支付其对国际组织如国际货币基金组织的会员费）来影响美国的政策。

在亚洲和欧洲，政府更强势，处于主导地位。[①]例如，工党在 1997年选举中取得压倒性胜利后，财政部发起成立了英国金融服务管理局。亚洲和欧洲紧紧围绕这个标准模式，即政府（无论是总统/总理办公室或财政部）提出新的规则，而后国会修改并批准这些新规则。在欧盟层面，欧盟委员会有权倡议新的立法。在国际层面，过去几年，欧盟委员会就监管问题与一些第三国进行对话磋商，如美国、日本、中国、印度和俄罗斯等。

治理框架的第二个阶段是监管。监管机构的目标是防止发生金融危机，因此可以被看做是预防危机管理的一种形式。相比之下，一旦发生金融危机，其他金融机构（最后贷款者、处置机构、存款保险公司）不得不对此进行处理。这就是处置阶段。这两个阶段是相互关联的。本书采用了博弈论的框架，最后阶段的处置也影响监管机构的行动。因此，我提出了一个从财政支持开始的回溯解决办法（backward-solving approach），参见图 7-1（Goodhart 和 Schoenmaker 2009）。

---

① 也有一些例外。芬兰议会有广泛的宪制权力，如议会监督委员会监督芬兰中央银行（Suomen Pankki）。

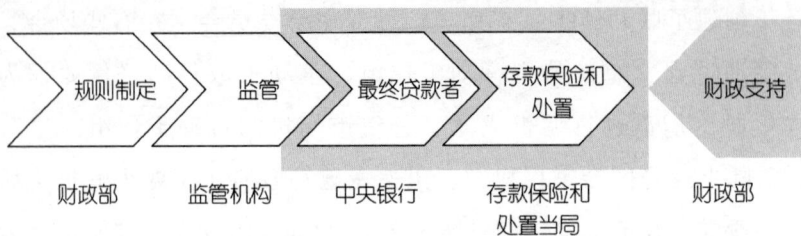

规则制定	监管	最终贷款者	存款保险和处置	财政支持
财政部	监管机构	中央银行	存款保险和处置当局	财政部

图7-1　负责金融监管和稳定的治理框架

这个治理框架揭示了从规则制定到财政支持的五个阶段。下面一行表明每个机构的作用。

危机管理决策的指导原则是"谁出钱，谁做主"。只要是国家组织和支付资本重组的费用，一国政府自然要行使监督权力并承担监管职能。这就是目前的状况，即国家组织安排金融监管和危机管理。只有在国际层面上（欧洲或全球）进行资本重组时，才能在国际层面上进行监管。

图7-1揭示了参与金融监管和稳定治理框架的各种机构。该治理框架从规则制定和监管职能开始。到目前为止，我们使用了危机管理中应用最广的术语——处置。在初始阶段，央行可能会帮助一家或多家银行，提供最后贷款人的援助。如果不起作用，存款保险和处置当局就会采取适当的行动。金融大危机表明（再一次），在特殊破产情况下，存款保险不仅是对存款人的保护（最初是保护"寡妇和孤儿"），也维护了金融稳定。在金融大危机期间，世界各地提高了存款保险额度，以防止发生进一步破坏金融体系稳定的银行挤兑事件。

存款保险和处置制度也因此被看做是具有统一的功能。成本最低的程序要求由处置当局来选择处置的方法，该方法要求所发生的支出和（或有）负债总量相对存款保险和解决基金来说成本最低。基本的处置方法包括：一个健康银行的（辅助）收购，公共援助计划，存款保险计划下对零售银行业储户支付的清算。如果存在影响金融体系的系统性风险，最低成本原则则另当别论，这是唯一的例外。

治理框架的最后一个阶段是财政支持。影响银行的危机本质上通常具有宏观经济性和概括性，会导致资产市场崩溃和经济衰退。存款保险和处置的基金能因此耗尽，因此需要政府的最终支持来保证基金的信誉。对于从国库或财政部贷款来支持该基金，立法上可以对此规定一个明确的条款，或者有一个隐性的支持。

同样，政府是央行的最终支持者。虽然央行可以提供无限的流动性（通过扩大其资产负债表），以其资本来说，其承受损失的能力是有限的。在最后贷款人的贷款出现大面积亏损的情况下，政府需要补充中央银行的资本。由于公共资金的风险，英国财政部和英国央行达成了关于危机管理的备忘录，备忘录规定由银行提供的任何紧急流动性援助（最后贷款人）须经财政部批准。财政支持的箭头位于图7-1的后面，表明对治理的回溯解决方法。

职权

职权的范围大小引导有关机构的行动。在有国家授权的情况下，如果利益一致，机构之间可能进行合作。但是，当出现利益冲突时，一国当局寻求的首先是国家解决方案，其次才是共同利益。超国家权力指的是国际机构对国际银行的监管和稳定采取综合策略。超国家权力解决的是国家当局之间的协调失败。另外，超国家权力可以是不同的（国家）当局在一个统一的权力下运作。在此背景下，需要有一个国际机构，以确保采取统一的方法解决国家之间的纠纷。不然，就重新回到各国各自为政的初始状态。考虑上述的综合方法，负责金融监管和稳定的各国当局应该有一个类似的职权范围（要么是国家的，要么是超国家的），形成激励相容（incentive-compatible）的治理体系（见5.3节）。

有关软法与硬法的争论仍持续不断（Lastra 2006）。什么是国际金融监管和稳定的确切法律依据？至今为止，金融监管的国际治理一直遵循软法法则，所签署的谅解备忘录在法律上没有约束力。金融大危机期间，这种软法法则遭遇滑铁卢，本书第1章已谈到这个问题。当最需要合作的时候，国家当局却以国家利益为先。有必要基于条约或公约建立具有法律约束力的硬法法则。当然，这样的安排仍取决于是否能够强制执行。

软法考虑灵活性（根据情况变化而方便规则改变），硬法促进规则的合法性。首先，条约或公约必须由参与国的国会批准，以确保民主管理。其次，条约或公约通常会指定哪个机构（法院或法庭）解决国际机构与其成员之间的纠纷。此外，条约或公约对监管规则和处置程序提供具有约束力的法律框架，涵盖制度（国际机构的授权和权力以及行政和司法程序）和内容（监督和处置标准）两个方面。最后，也是重要的一点是，条约或公约意味着对主权的侵蚀。为了共同利益而推翻国家利益，这一点很重要，也是第6章中所讨论的关键之处。试问，世界各国准备好将这些权力转交给一个国际机构了吗？

独立

中央银行独立的货币政策取得成功后，评论家开始强调金融监管独立的重要性（Lastra 1996；Quintyn、Ramirez 和 Taylor 2007；Masciandaro、Quintyn 和 Taylor 2008）。然而，两者还是有很大的不同。尽管货币政策的独立性几乎是绝对的独立（央行负完全和最终责任），财政部长仍对金融政策总的方向和发展负有最终的责任。

区分目标独立和手段独立是非常有用的。目标独立考虑的是监管机构所要实现的总目标，具体的目标或权限规定在规范机构创建的法律当中。手段独立是指监管政策的实际制定和实施过程中的独立，这方面需要专家官员进行判断。因此，政治家们在制定和确定监管目标时要发挥应有的作用，而监管者需要自主决定他们应该如何实现这些目标，以及无法实现这些目标时所应该承担的责任。

为了使手段独立这个概念具有可操作性，昆廷（Quintyn）、拉米雷斯（Ramirez）和泰勒（Taylor）（2007）又另外分辨了制度和监管的独立性。第一，制度的独立性。指的是监管当局独立于行政机关（财政部）和议会进行监管的能力。尽管是政府和/或议会任命监管当局的负责人和其他高级董事（按照民主原则），但其聘任（和解聘）的条件应当主要与监管者的能力和操守相关。监管当局的治理框架应该通过建立多元委员会及委任非执行董事会成员，以保持决策的连续性。为确保手段的独立性，这些委员会和监督委员会应排除政府或议会的代表。第二，监管的独立性。指的是监管当局在颁发执照、审核业务和行政处罚等方面履行职责时，能够保持独立。一个重要的原则是，政治家不应该对个案进行干预。

由于处置是一个相对较新的领域，关于处置独立这方面的著作不多（欧洲系统风险委员会（2012）科学咨询委员会最近发布了一个报告，这是一个特例）。尽管处置独立同样不需要政治干预，实践中却更难以实现。在处置过程中，财政资源对于陷入困境的银行进行资本重组或担保其负债十分必要。从更广泛的意义上说，这两个机构（作为最后贷款人和存款保险的央行及处置当局）通过隐性或显性的财政支持来操作。在一个民主社会中，财政支出由政府提出并由议会批准。

问责

问责制是独立性的补充。精心设计的问责机制能够强化独立性。问责制的本质是建立互补和重叠的检查机制，通过发行刊物（如年报、法规、监管实践等）和演讲等形式公开透明地支持问责，这样的做法能够增强公众对这些机构的信心。负责对监管机构问责的主要是政府（经常授权给财政部长）和议会（Quintyn，Ramirez 和 Taylor 2007）。如上所述，财政部部长对金融政策直接负责，时刻关注威胁金融稳定的因素。除了年度报告外，监管机构每月或每季度还需向财政部长定期报告，并不时地面见沟通。监管机构和财政部之间的定期对话，对制定金融领域的政策十分必要。财政部长可以从监管机构那里得到相关信息，但正如前文所说，财政部长不应该干涉个案。

议会作为立法机构，负责设计监管机构的职责权限，也因而应该监督监管机构的行为符合此权限要求。这通常通过定期的、制度化的联系来实现。负责金融事务的议会委员会可以要求监管机构的负责人出席或报告。监管机构尽管不怎么欢迎这些议会的听证（有时是质询），但毫无疑问，这是民主进程的重要组成部分。议会对监管机构没有直接的权力，但可以改变法律上的权限或框架。

考贝尔（Koppell，2010）区分了"经典"型和"卡特尔"型这两个全球治理组织。古典的国际组织，如国际货币基金组织和世界银行，以合法性（民主监督）为基础遵循上述的问责制模型。相比之下，卡特尔式国际机构，如世界贸易组织和国际清算银行，通过满足会员的喜好打造权威。此外，他们的俱乐部式决策规则（club-style rule-making）通常是由市场机制而不是政府机构来执行。巴塞尔资本充足率框架就是一个例证。任何达不到巴塞尔最低资本比率要求的银行被视为有缺陷，会在市场上面临着更高的融资成本。市场的原则迫使银行不得不遵守巴塞尔比率的要求。

7.2 欧洲的治理

欧洲的国际银行业处于领先地位。第3章介绍了30家最大的欧洲银行，他们平均一半的业务在海外，分布在欧洲和世界其他地区。为了应对由此产生的跨境外部性，在欧洲层面上进行超国家的治理安排就显得很有必要。写作本书之时，也是欧洲正发生主权和银行业危机的时候，这使得欧洲的治理安排显得更加紧迫。银行和主权债务危机是高度相关的，银行和政府对彼此的依赖造成不稳定的反馈循环（feedback loops）。这些反馈循环是双向的：国有银行将政府债券放在他们的资产负债表中，政府为国有银行提供财政支持。将银行监管和处置提高到欧洲层面将会降低银行和政府的关联度。由于跨境外部性的强度，欧洲层面的治理将长期存在。

银行业一体化的推手

如何看待欧洲银行业的监管和处置体系？第一个是欧盟委员会。欧盟委员会是欧盟的机构，相对于其成员国更为独立，其最重要的任务是提议立法。只有欧盟委员会才能提出正式的立法建议，即所谓的提议权。部长理事会和欧洲议会只能提出立法请求。正式的立法程序由欧盟委员会向理事会和欧洲议会提案开始，在此之前先由理事会和欧洲议会两方进行协商。负责金融监管和稳定政策的相关委员会，是由经济和财政部长组成的欧盟经济与财政部长理事会。因此，欧盟委员会是制定金融体系的新政策和新规则的重要决策者。同时，为欧盟内部市场起草技术标准和制定单一规则手册时，欧洲银行业管理局（EBA）也起到重要作用。

在2012年6月的峰会上，由欧盟主席以及各国政府元首组成的欧洲理事会，首次关注银行业一体化的前景。值得注意的是，欧洲理事会决定与欧洲央行寻求一个单独的监管机制作为监管机构，并邀请欧盟委员会起草这方面的建议。从这个方面看，欧洲央行在欧洲层面上以监管者和最后贷款人的身份出现，并成为欧洲大型银行的超国家监管框架的主要推手。欧洲理事会于2012年12月采纳了该立法草案，有待欧洲议会的最后批准。

有关存款保险和银行处置的欧盟层面的治理框架，能迅速有效地干预（跨境）银行的倒闭，减少不确定性，并加强市场纪律。重要的是，权威的处置当局需要必要的资源以更有效的方式处置大型跨国银行。在欧盟最新的《欧洲政策研究》报告中，艾伦（Allen）和合作者（2011）因此建议将处置当局与存款保险计划相组合，以应对跨国银行的风险。

这一建议遵循美国和日本的做法。《多德-弗兰克法案》赋予联邦存款保险公司（FDIC）额外的权力，处置没有进入破产诉讼程序的大型银行（除了对中小银行的现有权力外）。同样，日本的存款保险机构也有处置权力。在艾伦和合作者的建议中，欧盟要相应建立欧洲存款保险制度和设立拥有处置权力的处置当局。该保险基金将通过基于风险的定期存款保险费率进行筹措（Schoenmaker 和 Gros 2012）。基于行业的基金能够减少对道德风险的担忧。但是，一旦出现系统性银行倒闭，由银行自己出资的存款保险将始终面临着局限性。所以，由各国政府通过新成立的欧洲稳定机制（ESM）进行财政支持就十分必要。就存款保险和处置基金建立的初始阶段来说，财政支持尤为重要。

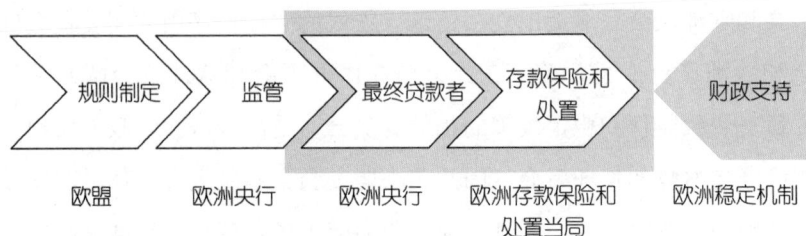

图7-2　负责金融监管和稳定的欧洲机构

这个框架说明了从规则制定到财政支持的 5 个阶段。下面一行表明每个机构的作用。

图7-2描述了这个新的欧洲治理框架的机体。欧盟委员会（EC）、欧洲央行（ECB）和欧洲稳定机制（ESM）是已有的机构；而欧洲存款保险和处置管理局（EDIRA）将是一个新的机构。虽然人们试图将新的处置机构放在欧洲央行，但是其监管和处置的功能还应保持独立（咨询科学委员会 2012）。因为监管者负有对银行发放牌照及持续监管责任，他们可能会慢慢认知（并承认）这些银行的问题。监管者可能担心银行破产前引发的清算，通常情况下可能会引起市场恐慌。独立处置当局能够以一双明亮的眼睛进行事实判断，并以超脱的方式采取适当的行动。私人银行部门也适用这一分离原则。当银行贷款成为呆账时，管理责任将由信贷人员转移到"特殊"资产管理部门，并采取"强硬"的做法。考虑到需要财政支持，新的欧洲存款保险和处置局能够与欧洲稳定机制密切合作。而当财政部长管理欧洲稳定机制时，毫无疑问，保证处置当局的独立性仍然是重要的。

在向银行业一体化的过渡过程中，欧盟委员会考虑的重点是监管层面，即为欧洲央行（ECB）制定《单一规则手册》和设定监管权力。与本书介绍的回溯解决办法一致，同时颁布存款保险和处置的制度是非常重要的。一些弱小银行在进入新的欧洲监管体系以避免无法控制的偶发事件之前，可能需要必要的处置（部分关闭和/或注资）。国家则不得不处理弱小银行的任何遗留问题，如果需要，国家可以向欧洲稳定机制求助。只有资本雄厚的银行才应该进入由欧洲央行监管的和欧洲存款保险和处置局处置的新欧洲体系。考虑到处置所具有的高度自由裁量权特征，这一点至关重要。

法律框架

就制度层面来说，没有必要对条约进行改变。根据《里斯本条约》，欧盟法规应当规范欧洲央行和欧洲存款保险和处置局的监督角色（Schoenmaker 2012）。需要关注的问题是，新的法规是仅适用于欧元区还是适用于整个欧盟。目前的政治格局，特别是英国的政治立场，表明欧元区的这种治理安排非常具有可行性。稍后的阶段，可以扩展这种治理安排，以保护欧盟银行业的内部市场。新法规通过建立退出机制维持一定的灵活性。有些国家退出也许是好事，而有些国家，如瑞典和丹麦，考虑到各自的地区性银行（分别是北欧联合银行和丹斯克银行），则希望能够加入。

这种灵活的做法对现有制度提出了新问题。欧盟委员会有明确的欧盟范围内的职权，也可以对欧元区进行立法。欧洲央行既能以管理委员会形式（仅限于欧元区央行行长）管理欧元区事务，同时也能以总理事会形式（所有欧盟央行行长）管理欧盟事务。此外，在财政方面，欧洲央行可扩大到非欧盟成员。非欧盟成员国，如英国、瑞典和丹麦参与对爱尔兰进行救助的方案，就是一个很好的说明。

欧洲稳定机制以成员国之间共担责任为运营原则。由于欧洲目前的持续危机已经威胁到整个欧洲金融体系的稳定，作为应对之策，欧洲稳定机制条约采取一般的责任分担形式，而不是具体的形式（例如，基于不同国家的银行资产份额进行责任分担），并将一般的责任分担适用于对欧洲央行资本的认购。对欧洲央行资本的认购份额反映了成员国人口总数和国内生产总值这两者在欧元区所占的比例，这两个因素的权重相同。在其他场合，我也探讨了一般的责任分担适用于欧洲央行资本的认购份额的重要性（Goodhart和Schoenmaker 2006）。

欧洲稳定机制条约的一个重要因素是投票规则。对重大决策采取一致同意原则，如提供财政援助或扩大股本，以及最大贷款量等。任何一个成员国可以利用这个原则反对财政援助，我们已经目睹了民族主义政党在芬兰和荷兰等一些国家的崛起。一致同意的原则妨碍了欧洲稳定机制的快捷运行，导致对市场上新的决策方式的不信任。因此，如果不是强迫的话，有必要在有效多数表决权的规则下，决定有关扩大股本以及提供财政援助等问题。欧洲稳定机制条约预先规定了一个紧急程序，在此程序下，允许以特定的85%有效多数来通过一项决定。但是，即使在这种有效多数表决的情形下，德国、法国和意大利仍能有效地否决，这三个国家分别占总票数的27.1%、20.4%、17.9%。用斯科特·巴雷特（Scott Barrett，2007）的话说，这些投票规则使得欧洲稳定机制只能用一只被绑在背后的手进行操作。

政治联盟

将监管和处置权力授权给欧洲层面的组织机构，引发了民主合法性的争论。在货币方面（欧洲央行行长必须先于欧洲议会产生），尽管完全独立和有限责任被广为接纳，与之相比，为监管和稳定而设立的治理框架的适用范围应该更为广泛。国家如何能在没有民主合法性的情况下，放弃其对银行业（和财政）政策的某些方面的主权？在欧元区的层面上，谁能承担财政部长的角色？

有个新观点，即银行业联盟需要一个政治联盟(Pisani-Ferry和合作者2012；Marzinotto，Sapir和Wolff 2011；Goodhart 和 Schoenmaker 2011)。这

样的政治联盟，不仅是必不可少的民主问责制所需要的，同时也是为有效和迅速解决当前持续的主权和银行业危机所需要的。到目前为止，欧洲理事会（各国和政府首脑组成）的政治领导人，深陷由本国议会和选民硬塞给他们的国家权限中而无法脱身。政治联盟使得在欧盟/欧元区的职权范围内进行运作成为可能。

正如特里谢（Trichet，2011）所言，政治框架始于欧元区财政部长的迫切需要。但仅一个强势的、技术官僚型的财政部长本身还是不够的，还要有选举和问责的良好机制，为欧元区的财政部长创造一个民主的工作环境。这需要在欧盟委员会内部设计部署。国家的经验表明，任何一个财政部长的成功，在很大程度上取决于总理强有力的支持（反之亦然）。

想想一个民主的政治联盟，为什么要从由欧盟公民选举产生欧盟委员会的主席开始。委员会主席有两个原因需要政治的合法性：（1）加强成员国的预算纪律，以限制在范围更大的欧元区财政支出的影响；（2）监督欧元区银行监管和处置，促进欧洲银行体系的稳定。

选举结束后，主席就可以组织一个团队，包括他/她的经济和货币事务委员（谁将会是欧元区财政部长）。[①]委员们需要经过欧洲议会的听证会的批准，议会方面的改革可以通过两院制实现。目前的欧洲议会将继续由欧洲公民选举产生，形成类似于德国的联邦众议院（Bundestag）、英国的下议院（House of Commons）和荷兰议会（Tweede Kamer），或不同国家的众议院。新议院——正在创建组成欧洲理事会——将形成类似于德国的联邦众议院、上议院、下议院或参议院。两院制的中心思想是，政治讨论首先在代表全体选民的议院举行，而后在代表独立成员国利益的独立新议院进一步讨论。

---

① 在欧盟委员会，通常财政部的职能被划分成三个职位：（1）经济和货币事务委员，负责经济增长、稳定公共财政和金融的稳定；（2）内部市场和服务委员，负责其他的金融服务；（3）财务规划和预算委员，负责欧盟预算。

联合主权

正如前面第 1 章所提到的，帕多阿－斯基奥帕（Padoa-Schioppa，2010）认为，在发挥负责金融监管和稳定的欧洲层面的组织机构的作用时，需要用新的思维来审视民族国家的传统概念。在民族国家传统的威斯特伐利亚体系中，欧盟将不得不转变为一个联邦国家，在欧洲的层面上来执行银行的有关政策。但是，欧洲的公民对这种联邦制国家没有兴趣，就像 2005 年关于《宪法条约》举行的公投，法国和荷兰居然没有人投票。

与雅伯·何斯玛（Jaap Hoeksma）的法律分析相符，我们认为，《里斯本条约》已将欧盟转变为一个国家和公民的民主政体（Hoeksma 和 Schoenmaker 2011）。在国际法上把欧盟建设成为一个民主政体，实则是允许对主权概念采取不同的、后威斯特伐利亚的方法。在 19 世纪和 20 世纪，民族国家视主权为一个不可分割的整体，欧盟则按照共享主权原则建立。根据《里斯本条约》第 1 条，各成员国都赋予欧盟权力，以实现共同的目标。行使主权的概念也因此从静态的变为动态的。欧盟的存在，证明了一个国家在分享主权的同时也可以不丧失主权。

将制定和执行金融政策的权力转移给欧盟，就像将货币权力移交给欧盟一样。欧元背后的联合主权的概念（联盟和成员国一起）体现在欧洲中央银行体系（ESCB）的宪法建立上，该体系包括欧洲央行和各国央行。欧洲央行是依条约设立的欧盟中心机构。然而，各国央行是欧洲央行的业主。根据《欧洲中央银行体系法令》第 32 条规定，各国央行分享包括铸币税收益在内的货币收入，以及货币操作的潜在损失。欧元区成员国进而分享欧元对欧洲央行的利润（和损失）。欧元的民主合法性也是共同分享，因为欧洲央行行长对欧洲议会负责，各国央行行长对各自国家议会负责。

应当承认，目前欧盟的民主性只是体现在纸面上，而欧盟的合法性也亟待改善。今后的挑战在于，如何将欧盟名义上的民主改造成拥有 28 个成员国和5亿市民的实实在在的民主。欧盟委员会当选主席的计划目标是使联盟层面的民主水平与成员国层面一样充满活力。

7.3 全球治理

新兴的全球性银行所引发的权衡取舍，与欧洲银行在欧洲区域面临的状况相同。在金融稳定理事会名册上的全球系统重要性银行的绝大多数都是非常国际化的，国外业务占比为25%～80%，详见第3章的描述。但是，国家当局不能有效应对这些全球性银行，全球治理存在的政治障碍令人气馁，正如第6章提到的。所以，短期内不太可能实现这样的改革。尽管如此，仍需要对国际金融治理进行适当改革，这起码表明，我们应当探讨如何扩大国际机构在未来的作用。

国际监管者

新金融体系的第一个管理者将是金融稳定理事会，由各国财政部、中央银行，以及24个主要经济体的监管者组成。金融稳定理事会将保持其目前作为国际金融政策议程设计和实施机构的重要角色，在二十国集团的政治指导下工作。金融稳定理事会将推动全球金融体系的政策和规则制定（见图7-3）。

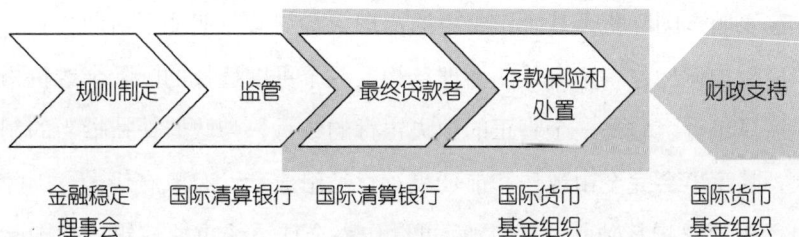

规则制定	监管	最终贷款者	存款保险和处置	财政支持
金融稳定理事会	国际清算银行	国际清算银行	国际货币基金组织	国际货币基金组织

图7-3 负责金融监管和稳定的国际机构

这个框架说明了从规则制定到财政支持的5个阶段。下面一行表明每个机构的作用。

金融稳定理事会将监督制定国际标准机构的工作。有鉴于此，巴塞尔银行监管委员会能保持其作为银行监管的国际标准制定者的作用，就像证券委员会国际组织（IOSCO）制定证券标准、国际保险监督官协会（IAIS）制定保险标准一样。接下来，金融稳定理事会将按照国际清算银行的建议，继续负责制定和修订全球系统重要性银行的名单。这样一来，金融稳定理事会就能界定国际监管的边界。

在全球的治理框架下，国际货币基金组织将发挥核心作用。第二次世界大战后，国际货币基金组织在国际货币体系中发挥了重要作用，并具有良好的业绩记录。因此，国际货币基金组织可以延伸其货币职能进行监督，在《金融部门评估计划》（FSAPs）中，也规定了该组织一些相关工作的操作能力。反过来说，国际货币基金组织的监督作用也符合该组织和国际清算银行双方在1996年的约定，其中规定巴塞尔银行监管委员会将承担监管上的"规则制定"，国际货币基金组织将承担包括《金融部门评估计划》的监督（Goodhart 2011）。

然而，国际货币基金组织在其日常的执行委员会中，有政府和中央银行派出的代表。该组织的董事会还包括部分财政部长，这与由政府或中央银行向该组织提供的资源（配额）相一致，属于典型的政府担保。但是，部长列席董事会违反了国际监管独立这一重要原则，从这个角度看，董事会的分歧可能会导致治理上的缺陷。这让我们重新想起这个话题的必要性，即中立地进行银行监管。

这表明，国际货币基金组织中的治理架构与监督职能不协调。

谈到如何构建一个有效的治理结构，一个可以选择的国际金融机构是国际清算银行，它是一个真正的中央银行的银行，与政府保持恰当的制度独立，其董事会完全由现任和前任央行行长组成，没有政府代表。国际清算银行极力守护其独立性，[1]因而可以作为全球系统重要性银行的国际监

---

① 我个人的一个经历可以确认国际清算银行的独立性。在20世纪90年代末，我与荷兰财政部（我在此工作了10年）的一位同事参观了国际清算银行。当时的总经理安德鲁·克罗基特（Andrew Crockett）告诉我们，接待政府官员对国际清算银行来说是一个很例外的事情。他开玩笑地补充说，政府官员就像"嗅探犬"一样，应该敬而远之。

管者（见图7-3）。当然，人们最终不能预测是否需要在国际清算银行内部建立一个单独机构以保证适当的监管层级，并消除从一些主要大银行独立出来的顾虑。

国际清算银行发挥监督作用与中央银行参与银行监管乃大势所趋。例如，美联储对银行控股公司实行的监督，欧洲央行对（大）欧洲银行实行的前瞻性监督，英国央行恢复了监督，法兰西银行也扩大了监督地位等。也有一些相反的例子，如中国人民银行、德意志银行和日本银行等，监管机构与中央银行分离，单独运作。

考虑到国际清算银行在国际金融监管领域的专业知识和经验，伊特威尔和泰勒（2000）呼吁支持国际清算银行。此外，人们有可能担忧国际货币基金组织如何能快速、大幅地调整到担当监督的角色，因为相对于资本市场来说，国际货币基金组织更侧重于关注财政和贸易的不平衡。国际基金组织将资不抵债的经济和流动性差的资本市场混为一谈，被认为是亚洲金融危机处理不当的主要因素。因此，监管者可能担心该组织的这种架构会在未来的危机中对金融机构造成同样的损害。选择国际清算银行很容易地得到支持，因为其在全球金融领域中获得了来自政府和金融服务行业的尊重。

除了传统的十国集团国家，国际清算银行还有效地扩大了其全球影响力。最近，开始向世界上的主要国家开放其成员资格，如亚洲的中国、印度和韩国，非洲的南非，北美洲的墨西哥，南美洲的巴西和阿根廷等。中国人民银行的行长还成为其董事会的一员。另外，国际清算银行还在亚太地区的香港（1998）和北美洲的墨西哥城（2001）设立了区域办事处。

国际清算银行作为中央银行的银行，是作为全球系统重要性银行的国际最后贷款人的最佳候选者。作为中央银行金融交易中的主要交易对手，国际清算银行建立了一个有着资产管理和银行业务服务功能的大银行部门。银行界可能因此优先选择这样一个机构，该机构具备充当最后贷款人的必要业务经营能力。

另外要考虑的是，选择一个对国际银行进行处置的国际机构。在21世纪初，国际货币基金组织副总经理安尼·克鲁格（Anne Krueger）提出了一种新的主权债务重组机制，国际货币基金组织将在此机制中发挥重要作用。不过，当一个主权国家的债务超过其支付能力时，向主权国家索赔的担保的多样性，使得债权人很难采取催收行动。这助长了这些国家的倾向，不到最后一刻不进行重组，这具有很大的不确定性，会造成资产价值的损失，对债务人和债权人都不利。多数投票的重组机制，目的是加快制订一个公平的债务重组的方案，恢复该国生机，保证该国发展。

为促使这个重组机制发挥作用，克鲁格（2002）提出了通过制定普遍性条约而不是在有限的行政区域内进行立法的方式，建立一个法律框架，采取普遍条约的做法有助于防止规避，并确保一致性。很显然，她建议通过修订国际货币基金组织的协议条款（《国际货币基金组织条约》）来建立条约框架。国际货币基金组织将会成为重组安排的协调者。不过，该提案最终未获通过，因为美国在国际货币基金组织的董事会上行使了否决权。

以类似的方式，国际货币基金组织作为一个有效的处置机构，也能够对全球系统重要性银行发挥作用（见图7-3）。要承担这一角色，国际货币基金组织需要充分了解全球系统重要性银行的财务信息。信息交流一直是国际合作的一大绊脚石。监管者不愿意分享他们所监管的银行的秘密信息，原因有两个。首先，也是根本原因，如果与另外一个监管机构共享信息，监管者可能会失去处理新问题的自由裁量权，第1章强调了这一点。其次，监管者担心太多机构（包括政府和议会）了解秘密信息，会造成个案信息的泄露。如果获取信息的机构不能保证对那些涉及监管和处置的秘密信息进行限制接触的话，这种泄漏可能造成声誉影响。

在国际货币基金组织内创建一个独立的处置机构能够解决保密问题。选择一个独立的处置机构将允许管理人员和专家自由使用这些信息，同时禁止国际货币基金组织其他部门使用这些信息。此外，国际货币基金组织的处置机构需要有一定的行政权力，以直接从全球系统重要性银行那里收集信息。在这一点上，可以像美国联邦存款保险公司（FDIC）那样获取信息，即为处置和存款保险的目的收集信息。这样一来，国际货币基金组织的处置机构就不用完全依赖于国际清算银行来收取信息。最终也是最好的路径是，作为监管者的国际清算银行将与作为处置机构的国际货币基金组织分享信息，以减少银行的报告负担。

作为对金融大危机协调一致的反应，国际货币基金组织可以将处置角色和对全球系统重要性银行的存款保险制度结合起来，这样可以收取存款保险费并经授权后建立存款保险基金。对于处置和存款保险来说，财政支持是必需的（Obstfeld 2011）。国际货币基金组织类似于欧洲稳定机制，能够提供这种支持。成员国为处置目的给国际货币基金组织预先缴纳费用，在此前提下，国际货币基金组织则可以使用该基金对"问题"国家进行稳定支持。如果国际货币基金组织愿意承担处置这个职能，就需要对处置机构的设置和财务进行单独安排。要想确保有足够的资金，有必要做一些游说。

再强调一下，处置机构的主要职责是及时处置陷入困境的银行，使该银行重生（最好不使用公共资金）或对该（部分）银行进行清算。使用公共资金是不得已而为之，并应仅限于系统性的原因而用之，以保障国际金融体系的稳定。

制度框架

正如本书已经阐明的，要想在危机时刻达成有效的国际合作，必须采取硬法的做法。法学专家也强调，为促使国际金融机构的有效运行，需要搭建国际条约或公约（Lastra 2006和2011；Avgouleas 2012）。

利用现有的国际机构有多方面的优点。首先，金融稳定理事会、国际清算银行和国际货币基金组织在国际金融领域已经建立了声誉、获得了信誉，靠此声誉有助于开展新的任务。其次，国际金融机构的经营能力毋庸置疑，但需要适当拓宽扩大。尤其是虽然国际清算银行有一个声誉卓著的研究和统计部门以及一个大的银行部门，但没有直接的监管职能。金融稳定理事会也需要增加人员以推动国际政策议程并监督执行。再次，新任务的制度安排可以嫁接在这些制度的现有条约上，同时做一些大的修改和更新。罗萨·拉斯特拉（Rosa Lastra，2006）对有关国际清算银行和国际货币基金组织的条约做了很好的概述。

作为国际政策机构，金融稳定理事会将继续在二十国集团的领导下工作。金融稳定理事会的章程规定，主席一职由全体大会任命，全体大会参加者包括央行行长、监管机构负责人、财政部副部长。根据新的规定，金融稳定理事会主席一职将由二十国集团的国家首脑任命。金融稳定理事会的法律地位由于以条约为基础而得以加强，这将为全球金融体系的政策和规则制定权提供更大的民主合法性。

《国际清算银行公约》是在1930年制定的，晦涩难解，需要做大的修改。只有少数几个国家签署了该公约。具体来说，关于国际清算银行的《海牙公约》仅由比利时、法国、德国、意大利、日本、英国和美国等少数国家签署，瑞士作为东道国也签署了该条约。日本随后在1952年宣布，不再遵守该公约。应该扩大该公约的签署国范围，至少扩大至二十国集团成员国，二十国集团以外的国家也要尽可能签署。由上述那些国家的中央银行签署的国际清算银行的组织章程，也同样需要扩大签字国的范围。

国际清算银行在其章程里规定了目标和组织安排，包括对董事会成员和总经理的任命。董事的委任，部分是依据职权（签字国的中央银行行长，但不包括日本），部分是在国际清算银行的央行成员中选举出来。董事会选举自己的主席，并任命总经理。要加强对国际清算银行的治理，毕竟其对全球系统重要性银行承担国际监管任务（和最后的贷款人）。最重要的是，董事长的任命，也可能是其他董事的任命，需要向政治化方向发展，需要二十国集团的国家首脑委任国际清算银行的主席。从更广泛的意义上说，以俱乐部为基础的方法与监管者的公共角色并不协调。反过来，如果国际清算银行正式履行其对全球银行的监管权力，就需要加强对其问责。尽管如此，随着时间推移，当国际清算银行的运行越来越有效时，也可以保留一些俱乐部的方法（Koppell 2010）。

1944年，在布雷顿森林召开的联合国货币金融会议采纳了国际货币基金组织的协议条款。此条款随后又修改过几次。爆发亚洲金融危机和金融大危机之后，人们呼吁进行治理改革以反映全球的权力转移，尤其要适当发挥亚洲的作用，相应减少欧洲过多的董事名额和过高的配额。例如，可以将荷兰和比利时在国际货币基金组织董事会的席位合并。按照目前的设想，美国将继续保持其对重大决策拥有否决权的特殊地位。美国有17%的表决权，而对重大决策的表决权通常要求有超过85%的大多数同意。当然，为了使其使主要经济体能够接受国际货币基金组织，美国在未来的改革中可能不得不放弃其特殊地位。

为承担对全球系统重要性银行的处置（与存款保险）责任，国际货币基金组织需要修改其协议条约并安排相应的财政支持。根据早前的修订实践，一些新的修订包括批准成员国等条款，会相对简单，重要的是关于处置机构和财政支持的治理问题。因为所有187个成员国在董事会中都有代表，在董事会中又设有一个较小的委员会——国际货币与金融委员会（IMFC），一般每年召开两次会议来讨论政策问题。这个委员会由24个国家的董事（财政部长和央行行长）组成，他们也是组成国际货币基金组织执行委员会的24个国家的代表。处置机构对国际货币与金融委员会负责。此外，该委员会也会为处置目的而可能使用的资源制定指引。处置机构随后应能够在这些指引中自主行事。

说到问责，除了大型全体会议外，监管和处置机构负责人与金融稳定理事会主席就（新）政策问题举行定期和有意义的对话也很重要。此外，监管和处置负责人也将是金融稳定理事会的指导委员会的一员。同时，也应当存在一个国际监管和处置机构向二十国集团直接报告的路径。

说到议会问责，二十国集团的国家首脑负责监管和处置全球系统重要性银行的总体框架。二十国集团国家首脑的民主问责制是间接的,因为他们对各自国家的议会负责。要确保各国首脑对国际金融稳定这一使命负责,是我们面临的挑战。各国的国际货币基金组织董事出席所在国的议会,这是许多国家的既成惯例。在新形势下,国际清算银行的董事也可参考这一惯例,履行国际监管责任,并向各国议会负责。

监管和处置框架

在当前的环境下,国际标准的制定者采取软法的方法制定标准,如巴塞尔银行监管委员会、国际证监会组织、保险监督官协会和金融稳定理事会。虽然标准不具有法律约束力,但这些制定者倾向于在实践中坚持这些标准。只有国家(或欧洲)对此实施立法后,这些标准才具有法律效力。国际清算银行作为国际监管机构,国际货币基金组织作为国际处置机构,都需要一个监管和处置法规的法律框架,赋予相应权力(包括惩罚权力),以履行它们新的职责。

对全球系统重要性银行的监管规则应该嵌入公约或条约当中。国际银行界及学术界希望国际处置公约或条约能以集团为基础,进行全球银行的处置((Lastra 2011; Avgouleas、Goodhart 和 Schoenmaker 2013;国际金融学院 2012)。展望未来,为金融稳定理事会制定的新条约能够涵盖如下内容:明确金融稳定理事会作为全球规则的制定者,以及规定全球金融监管和处置的核心标准。

7.4 结 论

全球性银行需要全球性制度。本章阐述了在欧洲和全球层面建立治理框架的可行性。这个治理框架的关键是法律上的确定性,以及监管、处置和问责的独立性。主要的挑战是民主问责制。尽管欧洲正慢慢走向政治一体化，在全球范围内却看不到这样的前景。各国的政治家依然是驱动或阻挡国际金融机构的力量。

与 WTO 和国际货币基金组织有关的国际贸易和货币法律，在第二次世界大战后出现；而国际金融法，则产生在亚洲金融危机以及金融大危机之后（(Lastra 2012)。本章表明，对全球系统重要性银行来说，国际清算银行能够承担监管和最后贷款人的责任，国际货币基金组织能够承担处置机构的角色，金融稳定理事会仍将是国际金融社会的主要政策制定机构。这三家国际金融机构在二十国集团领导人的政治指导下具体运作。

尽管金融的全球治理显然是一个遥远的未来"理想"，但是要对统一的金融体系采取国家的做法肯定行不通，欧洲政治领导人对此深有体会。截至本书写作时，欧洲正在探索银行业一体化如何能够推动从部分国家的治理转向统一的超国家的治理。欧洲中央银行、新的欧洲存款保险和处置机构以及最近成立的欧洲稳定机制等，将在未来的银行一体化中起到关键作用。在可能保留一些结构的情况下，预测欧盟银行业一体化的最终结构为时过早。

总结和结论

金融三元悖论指出，政策制定者必须从这三个政策目标中选出两个：（1）金融稳定；（2）国际银行业务；（3）国家金融政策。金融三元悖论的结果一清二楚。如果我们要保持金融稳定，金融主管当局需要与银行在同一区域进行操作。因此，需要为全球性银行确定公共领域，这个领域支撑了广泛的全球金融体系（放弃第三个目标）。另外，各国监管机构会要求目前的全球性银行将其银行集团分解为持有各国执照的一系列独立子公司（放弃第二个目标）。本书所论述的金融三元悖论模型为这个重要结论奠定了理论基础。各国监管机构之间的合作，差不多是囚徒困境理论的应用。如果监管者将其自身利益放在第一位，就不可能达到合作均衡。金融大危机时对国际银行倒闭的处理，恰好证明了实践中的非合作行为。

由二十国集团指导和金融稳定理事会执行的全球治理改革，目前为止仍强调软法的解决方案。监管机构通常在协商一致的基础上制定国际标准。对于日常监管，全球性银行的母国和东道国监管当局在监管组织中合作；对于危机管理，母国和东道国当局在危机管理团队中合作。这种方法依靠不具有法律约束力的谅解备忘录来支持，依靠对方监管系统的同行审查来支撑。本书的中心论点是，这样的自愿合作必将失败，尤其是在发生危机最需要合作的时候。对此的解释是：金融风险很高，而对本国议会负责的各国政府却只关注国际银行倒闭的国内影响。全球性银行为何重要？

全球性银行如何国际化？经验表明，金融大危机后虽然全球的去杠杆化速度超过了国内，但国际化的趋势依然强劲。排位前60名的全球性银行，其中一半银行都有超过25%以上的国外资产。因此，跨境的外部性是巨大的且不容忽视。认识到全球性银行的重要性，金融稳定理事会已经完成了对28家所谓的全球系统重要性银行的排名。大型全球性银行是指总资产超过1万亿美元且海外资产超过总资产25%的银行，这些银行都在金融稳定理事会的名单上。

由于担心各国监管部门会要求各国的子公司提高资本和流动性，全球性银行赞同对银行监管和处置实施超国家的做法。当地的资本和流动性资产被困在各国的子公司里而不能流动，因为各国的监管者要在国家层面保持这些额外的安全阀门，特别是当危机来袭需要资本和流动性资产直接流向最需要的地方时，尤其如此。这感觉就像一个村里的消防官兵与熊熊大火奋战时，无法使用邻村的消防队员和水资源。

是政治家们而不是私营部门负责全球治理。在主要经济体中，主要的做法是采取国家主义，美国尤其如此。美国采取领土的做法，对破产的银行采取国内利益至上的政策。相反，欧洲主张全球的做法，此种方法使得所有存款人（和债权人）获得平等的待遇。此外，欧洲正在探索建立银行业一体化以应对欧洲持续的主权和银行业危机。我们发现，欧洲银行系统和全球银行系统（表现为跨境外部性的形式）有着重要的、相似的漏洞。

全球金融体系的全球治理最终驱动力可能来自于企业和公民。跨国公司在全球范围内进行生产和贸易。为了在全球范围内运营，这些跨国公司需要全球经营的银行提供服务，这些银行持有各类货币，可以当日集中，有效地进行跨境支付。公民以低廉的价格享受国内外各种各样的产品和服务带来的好处。此外，全球旅行和全球消费可能会在强烈的民族身份认同基础上培养跨国身份认同。反过来，这可能为采取国际做法进行治理提供了肥沃的土壤。结果就是对治理采取多层次方法，亦即大多数经济问题可以在国家层面处理，一些经济问题也可以在欧洲或更广泛的全球层面上处理。然而，一些观察家更多地持怀疑态度。例如，罗德里克（2011）认为，当涉及全球治理时，民族国家仍然是唯一的选择。

全球治理

全球治理体系看起来将会怎样？虽然政策制定者倾向于接受渐进式的方法，可是零敲碎打的做法也许会使事情变得更糟。银行的国际监管者（无论是欧洲或全球）与银行倒闭由国家处置，这两者的结合扭曲了激励机制。如果发生倒闭由别人埋单，除了声誉，什么能激励国际监管者投入足够的精力应对？这就是为什么查尔斯·古德哈特和我一直强调我们的监督和处置工作应该在同一层次上合作。危机管理决策的指导原则是"谁出钱谁做主"。

处置的最后阶段为事前监管设置了激励。有鉴于此，我们采用一种回溯解决办法，如图C-1财政支持的后向箭头所示。全球治理的设计，从调动资金进行处置开始，即所谓的财政支持。在欧洲层面上，欧洲稳定机制正履行欧洲危机基金对国家的作用，现在也准备将此作用拓展到银行业。

欧洲治理体系可能由下列部分组成：欧洲规则制定者的欧盟委员会（EC），欧洲监管和最后贷款人的欧洲央行（ECB），新的欧洲存款保险和处置管理局和财政支持的欧洲稳定机制（ESM）。欧洲存款保险和处置管理局是这个治理体系的新的参与者。为了将纳税人的成本最小化，以及最大限度地提高私营部门的参与度，这个新机构将建立存款保险基金，此基金由基于风险向欧洲银行征收的费用组成。只有在该基金耗尽时，欧洲存款保险和处置管理局才可求助欧洲稳定机制。

沿着图C-1所列方向，银行业一体化最终需要政治一体化。在欧洲层面可能要动用公共资源时，应该有一个包括公民在内的民主进程。如果有必要的话，由欧盟委员会的当选主席以及经济和金融委员制定救助银行的应急资金计划，欧洲议会将批准这些开支。

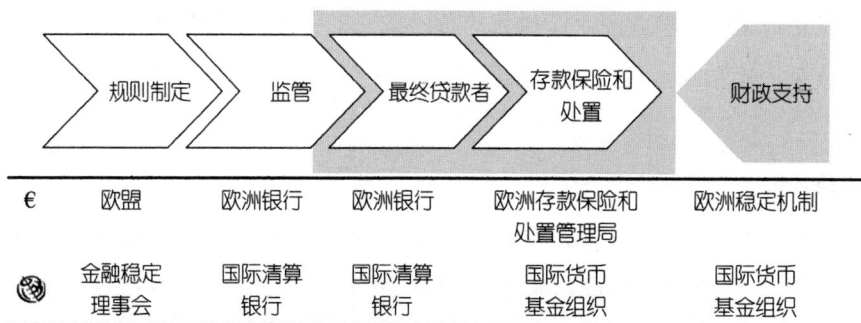

规则制定	监管	最终贷款者	存款保险和处置	财政支持
€ 欧盟	欧洲银行	欧洲银行	欧洲存款保险和处置管理局	欧洲稳定机制
🌐 金融稳定理事会	国际清算银行	国际清算银行	国际货币基金组织	国际货币基金组织

图 C-1 负责金融监管和稳定的欧洲及全球治理

这个框架说明了从规则制定到财政支持的5个阶段。下面一行表明每个机构的作用。

说到全球层面，国际货币基金组织是有权动用资源进行危机管理（图 C-1）的国际金融机构。国际货币基金组织将其全球支持从主权国家扩大到全球性银行，从而成为全球性银行的国际处置机构。虽然财政部长向国际货币基金组织提供资金，但是国际货币基金组织对财政部长的参与以及向财政部长负责已作了恰当的治理安排。

尽管许多观察家也赋予国际货币基金组织对全球银行的国际监管作用，我还是倾向于国际清算银行，原因有二。首先，监管独立会受到侵犯。监管独立是银行有效监管的核心原则之一。财政部在国际货币基金组织的治理中起主导作用（在发生危机动用公共资源对国家或银行进行支持而做出相应的决策时，更是如此），所以国际货币基金组织不能独立于政府而采取行动。其次，监管和处置的职能应该分开。监管者有容忍倾向，总是希望等待更好的时机，而处置当局的目标是及时干预以降低成本。

国际清算银行在国际决策上有良好声誉，下辖多个国际委员会，巴塞尔银行业监督管理委员会是其中最为著名的。即使这样也需要作大的修改。首先，国际清算银行没有监管能力，这需要招聘相应人才。其次，国际清算银行目前是一个舒适的央行行长俱乐部。这需要加强管理，采取适当的问责机制，包括二十国集团对国际清算银行负责人的任命。最后，金融稳定理事会也将在二十国集团的政治指导下，继续保持作为一个推动国际政策议程和国际规则制定的国际机构。

道德风险

对全球治理的主要反对意见是道德风险。国际安全网会导致那些愿意接受保护的机构或国家承担过度的风险。需要认真对待这个反对意见。金融大危机之后的国际政策议程，已经大幅加强了资本框架，这点非常需要。金融稳定理事会也要求对全球系统重要性银行实施资本金附加措施。此外，当局需要确保对全球系统重要性银行的处置方案已经到位。这将有助于全球性银行有序分拆，并有可能（部分）清算其非系统性的部分。

这种额外的资本要求和处置方案应该对全球监管下的所有银行都适用。资本金附加是用来预测全球性银行的风险加权资本比率（资本除以风险加权资产）。我认为应相应增加杠杆比率（资本除以总资产）。这将强化风险承担和大型银行资产负债表的大肆扩张的监管杠杆。

总之，欧洲范围内的欧洲稳定机制和世界范围内的国际货币基金组织，其职权将从国际货币稳定扩展到国际货币和金融的稳定。这与各国央行目前的倾向相一致，现在各国央行已不再局限于其狭窄的货币管理范畴。由于认识到这些全球性银行在全球金融体系中的关键作用，欧洲稳定机制和国际货币基金组织的作用也将从对主权国家的全球支持，扩大为对全球性银行的全球支持。如果这些财政支持到位，并且由欧洲央行监管欧洲银行，由国际清算银行监管真正的全球性银行，那将会创造一个更加安全的全球金融体系。

参考文献

Acharya,V.2009.A Theory of Systemic Risk and Design of Prudential Bank Regulation.*Journal of Financial Stability* 5,224-255.

Advisory Scientific Committee.2012.Forbearance,Resolution and Deposit Insurance.*Reports of the Advisory Scientific Committee* No.1.Frankfurt am Main: European Systemic Risk Board.

Alesina,A.2003.The Size of Countries:Does It Matter?*Journal of the European Economic Association* 1,301-316.

Alexander K.,and E.Ferran,2011.Can Soft Law Bodies be Effective?The Special Case of the European Systemic Risk Board.*European Law Review* 37,351-776.

Alesina,A.,and E.Spolaore.1997.On the Number and Size of Nations.*Quarterly Journal of Economics* 112,1027-1056.

Alesina,A.,and E.Spolaore.2003.*The Size of Nations*.Cambridge,Mass.:MIT Press.

Allen,F.,and D.Gale.2000a.Financial Contagion.*Journal of Political Economy*. 108, 1-33.

Allen,F.,and D.Gale.2000b.*Comparing Financial Systems*.Cambridge,Mass.:MIT Press.

Allen,F., T.Beck, E.Carletti, P.Lane,D.Schoenmaker,and,W.Wagner.2011. *Cross-Border Banking in Europe:Implications for Financial Stability and Macroeconomic*

Policies.CEPR Report.London:Centre for European Policy Research.

Avgouleas,E.2012.*Governance of Global Financial Markets:The Law,the Economics, the Politics*.Cambridge:Cambridge University Press.

Avgouleas,E.,C.Goodhart,and D.Schoenmaker.2013.Bank Resolution Plans as a Catalyst for Global Financial Reform.*Journal of Financial Stability* 9, forthcoming.

Baldwin,R.2011.Trade and Industrialisation after Globalisation´s 2nd Unbundling:How Building and Joining a Supply Chain are Different and Why It Matters.NBER Working Paper No.17716.

Bänziger,H.2012.Did the Globalisation of Finance Undermine Financial Stability?FMG Special Paper No.211.London:London School of Economics.

Barberà,S.and M.O.Jackson.2006.On the Weights of Nations:Assigning Voting Wieghts in a Heterogeneous Union.*Journal of Political Economy* 114,317-339.

Barrett,S.2007.*Why Cooperate?The Incentive to Supply Global Public Goods*.Oxford: Oxford University Press.

Basel Committee on Banking Supervision.1983.*Revised Basel Concordat:Principles for the Supervision of Bank´s Foreign Establishments*.Basel,Switzerland.

Basel Committee on Banking Supervision.2010a.*Basel III:A Global Regulatory Framework for More Resilient Banks and Banking Systems*.Basel,Switzerland.

Basel Committee on Banking Supervision.2010b.*Report and Recommendations of the Cross-Border Bank Resolution Group*.Basel,Switzerland.

Basel Committee on Banking Supervision.2011.*Global Systemically Important Banks:Assessment Methodology and the Additional Loss Absorbency Requirement*. Basel,Switzerland.

Baxter,T.,J.Hansen,and J.Sommer.2004.Two Cheers for Territoriality:An Essay on International Bank Insolvency Law.*American Bankruptcy Law Journal* 78, 57-91.

Berger,A.,Dai,S.Ongena,and D.Smith.2003.To What Extent Will the Banking Industry Be Globalized?A Study of Bank Nationality and Reach in 20 European Nations.*Journal of Banking & Finance* 27,383−415.

Berger,A.,and R.Deyoung.2001.The Effects of Geographic Expansion on Bank Efficiency.*Journal of Financial Services Research* 19,163−184.

Bernanke,B.1983.Nonmonetary Effects of the Financial Crisis in the Propagation of the Great Depression.*American Economic Review* 73,257−276.

Bertay,A.C.,A.Demirguc-Kunt and H.Huizinga.2011.Is the Financial Safety Net a Barrier to Cross-Border Banking?EBC Discussion Paper No.2011−037. Tilburg:European Banking Center.

Boot,A.1999.European Lessons on Consolidation in Banking.*Journal of Banking & Finance* 23,609−613.

Boot,A.,and A.Thakor.2010.The Accelerating Integration of Banks and Markets and Its Implications for Regulation.In A.Berger,P.Molyneux and J. Wilson,eds.,*The Oxford Handbook of Banking*.Oxford:Oxford University Press, 58−90.

Brummer,C.2010.Why Soft Law Dominates International Finance−and Not Trade.*Journal of International Economic Law* 13,623−643.

Cavelaars,P.,and J.Passenier.2012.Follow the Money:What Does the Literature on Banking Tell Prudential Supervisors on Bank Business Models?DNB Working Paper No.336.Amsterdam:De Nederlandsche Bank.

Cerutti,E.,G.Dell'Ariccia,and M.Martinez Peria.2007.How Banks Go Abroad: Branches or Subsidiaries?*Journal of Banking & Finance* 31,1669−1692.

Cerutti, E., A.Ilyina, Y.Makarova, and C.Schmieder.2010.Bankers without Borders?Implications of Ring-Fencing for European Cross-Border Banks. IMF Working Paper No.WP/10/247.

Cetorelli,N.,and L.Goldberg.2011.Global Banks and International Shock

Transmission:Evidence from the Crisis.*IMF Economic Review* 59,41−76.

Claessens,S.,R.Herring,and D.Schoenmaker.2010.*A Safer World Financial System: Improving the Resolution of Systemic Institutions.*Twelfth Geneva Report on the World Economy.London:CEPR.

Claessens,S.,and N.van Horen.2012.Foreign Banks:Trends,Impact and Financial Stability.IMF Working Paper No.WP/12/10.

Committee on the Global Financial System.2010.Long - Term Issues in International Banking.CGFS Papers No.41.Basel,Switzerland.

Congressional Oversight Panel.2010.The Global Context and International Effects of the TARP.*August Oversight Report.*Washington,D.C.:US Congress.

Cooper,R.2003.*The Breaking of Nations:Order and Chaos in the Twenty - First Century.*London:Atlantic Books.

Cristadoro,R.,M.Forni,L.Reichlin,and G.Veronese.2005.A Core Inflation Index for the Euro Area.*Journal of Money,Credit and Banking* 37,539−560.

Cronin,B.1999.*Community under Anarchy:Transnational Identity and the Evolution of Cooperation.*Columbia University Press.

Danielsson,J.,and G.2009.*Collapse of a Country.*2nd edition.London School of Economics and University of Iceland.

De Bandt,O.,and P.Hartmann.2002.Systemic Risk:A Survey.In C.Goodhart and G.Illing,eds.,*Financial Crisis,Contagion and the Lender of Last Resort.*Oxford: Oxford University Press,249−297.

De Haan,J.,S.Oosterloo,and D.Schoenmaker.2012.*Financial Markets and Institutions:A European Perspective.*2nd edition.Cambridge:Cambridge University Press.

De Haas,R.,and I.van Leyveld.2010.Internal Capital Markets and Lending by Multinational Bank Subsidiaries.*Journal of Financial Intermediation* 19,1−25.

Demsetz,R.,and P.Strahan.1997.Diversification,Size and Risk at Bank Holding

Companies.*Journal of Money,Credit and Banking* 29,300−313.

Dermine,J.2006.European Banking Integration:Don´t Put the Cart before the Horse.*Financial Markets,Instruments* 15(2),57−106.

Dewatripont,M.,and J.-Ch.Rochet.2009.The Treatment of Distressed Banks.In M.Dewatripont,X.Freixas,and R.Portes eds.,*Macroeconomic Stability and Financial Regulation:Key Issues for the G20.*London:CEPR,149−164.

Dewatripont,M.and J.Tirole.1994.*The Prudential Regulation of Banks.*Cambridge, Mass.:MIT Press.

Eatwell,J.,and L.Taylor.2000.*Global Finance at Risk:The Case for International Regulation.*Cambridge:Polity Press.

Eichengreen,B.2002.*Financial Crises and What to Do about Them.*Oxford:Oxford University Press.

Eichengreen,B.2004.*Capital Flows and Crises.*Cambridge,Mass.:MIT Press.

Eisenbeis,R.,and G.Kaufman.2005.Bank Crisis Resolution and Foreign-Owned Banks.*Federal Reserve Bank of Atlanta Economic Review,*Issue Q4,1−18.

European Financial Services Round Table.2009.EFR Response on European Financial Supervision.Brussels,Belgium.

European Financial Services Round Table.2011.EFR Response to the European Commission Consultation on Crisis Management.Brussels,Belgium.

Financial Stability Board.2011a.*Key Attributes of Effective Resolution Regimes for Financial Institutions.*Basel,Switzerland.

Financial Stability Board.2011b.*Policy Measures to Address Systemically Important Financial Institutions.*Basel,Switzerland.

Financial Stabilty Board.2012a.*Overview of Progress in the Implementation of the G20 Recommendations for Strengthening Financial Stability,Report of the Financial Stability Board to G20 Leaders.*Basel,Switzerland.

Financial Stability Board.2012b.*Update of Group of Global Systemically Important*

Banks(G-SIBs).Basel,Switzerland.

Financial Stability Board.2012c.*Recovery and Resolution Planning:Making the Key Attributes Requirements Operational—Consultative Document*.Basel,Sitzerland.

Fischer,S.1999.On the Need for and International Lender of Last Resort.*Journal of Economic Perspectives* 13,85−104.

Flannery,M.1999.Modernising Financial Regulation:The Relation between Interbank Transactions and Supervisory Reforms.*Journal of Financial Services Research* 16,101−116.

Fleming,M.1962.Domestic Financial Policies under Fixed and Floating Exchange Rates.*IMF Staff Papers* 9,369−377.

Fratianni,M.,and J.Pattison.2001.Review Essay:The Bank for International Settlements:An Assessment of Its Role in International Monetary and Financial Policy Coordination.*Open Economies Review* 12,197−222.

Freixas,X.1999.Optimal Bailout,Conditionality and Creative Ambiguity.FMG Discussion Paper No.327.London:London School of Economics.

Friexas,X.2003.Crisis Management in Europe.In J.Kremers,D.Schoenmaker, and P.Wierts,eds.,*Financial Supervision in Europe*.Cheltenham:Edward Elgar, 102−119.

Freshfields Bruckhaus Deringer.2003.*Study on Financial Conglomearates and Legal Firewalls*.London:Freshfields Bruckhaus Deringer.

Frieden,J.,M.Pettis,D.Rodrik,and E.Zedillo.2012.*After the Fall:The Future of Global Cooperation*.Fourteenth Geneva Report on the World Economy. London:CEPR.

Garcia−Herrero,A.and F.Vazquez.2007.International Diversification Gains and Home Bias in Banking.IMF Working Paper No.WP/07/281.

Gaspar,V.and G.Schinasi.2010.Financial Stability and Policy Cooperation. Occasional Paper No.1.Lisbon:Banco de Portugal.

Geneva Association.2010.*Systemic Risk in Insurance:An Analysts of Insurance and Financial Stability.Special Report of the Geneva Association Systemic Risk Working Group.*Geneva,Switzerland.

Goldberg,L.2009.Understanding Banking Sector Globalization.*IMF Staff Papers* 56,171-197.

GoodhartC.1988.*The Evolution of Central Banks.*Cambridge,Mass.:MIT Press.

Goodhart,C.1998.The Two Concepts of Money:Implications for the Analysis of Optimal Currency Areas.*European Journal of Political Economy* 14,407-432.

Goodhart,C.2011.*The Basel Committee of Banking Supervision:A History of the Early Years,1974-1997.*Cambridge:Cambridge University Press.

Goodhart,C.2012.Global Macroeconomic and Financial Supervision:Where Next?In R.Feenstra and A.Taylor,eds.,*Globalization in an Age of Crisis: Multilateral Economic Cooperation in the Twenty - First Century.*Chicago: University of Chicago Press,forthcoming.

Goodhart,C.,and D.Schoenmaker.2006.Burden Sharing in a Banking Crisis in Europe.*Sveriges Riksbank Economic Review,*Issue No.2,34-57.

Goodhart,C.,and D.Schoenmaker.2009.Fiscal Burden Sharing in Cross - Border Banking Crisees.*International Journal of Central Banking* 5,141-165.

Goodhart,C.,and D.Schoenmaker.2011.The Political Endgame for the Euro Crisis.Duisenberg School of Finance Policy Brief No.9.

Gros,D.2012.*An Incomplete Step towards a Banking Union.*July 7.London:VoxEU.

Grosse,R.,and L.Goldberg.1991.Foreign Bank Activity in the United States:An Analysis by Country of Origin.*Journal of Banking & Finance* 15,1093-1112.

Guiso,L.,T.Jappelli,M.Padula,and M.Pagano.2004.Financial Market Integration and Economic Growth in the EU.*Economic Policy* 19,523-577.

Haldane,A.2012.*The Dog and the Frisbee.*Paper presented at the Federal Reserve Bank of Kansas City´s Thirty - Sixth Economic Policy Symposum, "The

Changing Policy Landscape." August 31.Jackson Hole,Wyoming.

Herring,R.2007.Conflicts between Home and Host Country Prudential Supervisors.In D.Evanoff,J.Raymond LaBrosse and G.Kaufman,eds., *International Financial Instability:Global Banking and National Regulation.* Singapore:World Scientific,201−220.

Herring,R.2010.Wind - Down Plans as an Alternative to Bailouts:The Cross - Border Challenges.In K.Scott,G.Shultz,and J.Taylor,eds.,*Ending Government Bailouts as We Know Them.*Stanford:Hoover Institution Press.

Hoeksma,J.,and D.Schoenmaker.2011.*A Polity Called EU:Essays on the Exercise of Sovereignty in the European Union and the Euro Area.*Nijmegen:Wolf Legal Publishers.

Independent Commission on Banking.2011.*Final Report:Recommendations.* London.

Institute of International Finance.2012.*Making Resolution Robust—Completing the Legal and Institutional Frameworks for Effective Cross-Border Resolution of Financial Institutions.*Washington,D.C.

International Monetary Fund.2009a.European Bank Coordination Meeting: International Coordination Helped Avert a Systemic Bank Crisis in Central and Eastern Europe.September 25.Press Release IP/09/1359.

International Monetary Fund.2009b.Interview - Global Economic Crisis.*Agreement with Banks Limits Crisis in Emerging Europe.*October 28.IMF Survey Magazine.

Jeanne,O.,and J.Zettelmeyer.2001.International Bailouts,Moral Hazard and Conditionality.*Economic Policy* 16,407−432.

Joint Forum.2010.*Developments in Modelling Risk Aggregation.*Basel,Switzerland.

Koppell,J.2010.*World Rule:Accountability,Legitimacy,and the Design of Global Governance.*Chicago:university of Chicago Press.

Krueger,A.2002.*A New Approach to Sovereign Debt Restruturing.*Washington,D.C.:

International Monetary Fund.

Kuritzkes,A.,T.Schuermann,and   S.Weiner.2003.Risk   Measurement,Risk Management,and Capital Adequacy in Financial Conglomerates.In R. Herring and R.Litan eds.,*Brookings - Wharton Papers on Financial Services.* Washington D.C.:Brookings Institution,141-193.

Laeven,L.,and F.Valencia.2012.Systemic Banking Crises Database:An Update. IMF Working Paper No.WP/12/163.

Lastra,R.1996.*Central Banking and Banking Regulation.*Financial Markets Group. London:London School of Economics.

Lastra,R.2006.*Legal Foundations of International Monetary Stability.*Oxford:Oxford University Press.

Lastra,R.2011.*Cross-Border Bank Insolvency.*Oxford:Oxford University Press.

Lastra,R.2012.We Need an International Monetary System Which Facilitates International Trade.International Finance and Trade Report.London:Queen Mary,University of London.

Le Leslé,V.,and S.Avramova.2012.Revisiting Risk - Weighted Assets:Why Do RWAs Differ across Countries and What Can Be Done about It?IMF Working Paper No.WP/12/90.

Liikanen,E.,H.Bänziger,J.Campa,L.Gallois,M.Goyens,J.P.Krahnen,M. Mazzucchelli,C.Sergeant,Z.Tuma,J.Vanhevel and H.Wijffels.2012.*High - level Expert Group on Reforming the Structure of the EU Banking Sector:Final Report.* Brussels.

Marzinotto,B.,A.Sapir,and G.Wolff.2011.What Kind of Fiscal Union?*Bruegel Policy Brief,*Issue 2011/06.Brussels:Bruegel.

Masciandaro,D.,M.Quintyn,and M.Taylor.2008.Inside and Outside the Central Bank:Independence and Accountability in Financial Supervision.Trends and Determinants.*European Journal of Political Economy* 24,833-848.

Moshirian,F.2006.Aspects Aspects of International Financial Services.*Journal of Banking & Finance 30,*1057—1064.

Moshirian,F.2008.Globalisation,Growth and Institutions,*Journal of Banking & Finance 32,*472—479.

Moshirian,F.2011.The Global Financial Crisis and the Evolution of Markets, Institutions and Regulation,*Journal of Banking & Finance 35,*502—511.

Moshirian,F.2012.The Future and Dynamics of Global Systemically Important Banks.*Journal of Banking & Finance 36,*2675—2679.

Mundell,R.1963.Capital Mobility and Stabilization Policy under Fixed and Flexible Exchange Rates.*Canadian Journal of Economics 29,*475—485.

Nava,M.2012.A European Framework for Recovery and Resolution. Presentation at Madariaga,College of Europe Foundation.July 10.Brussels.

Obstfeld,M.2009.Lenders of Last Resort in a Globalized World.CEPR Discussion Paper No.DP7355.

Obstfeld,M.2011.International Liquidity:The Fiscal Dimension.NBER Working Paper No.17379.

Obstfeld,M.,and A.Taylor.2004.*Global Capital Markets:Integration,Crisis,and Growth.*Cambridge:Cambridge University Press.

Padoa-Schioppa,T.2010.Markets and Governments before,during and after the 2007— 20xx Crisis.Per Jacobasson Lecture.Basel:Bank for International Settlements.

Pauly,L.2009.The Old and the New Politics of International Financial Stability. *Journal of Common Market Studies 47,*955—975.

Pisani - Ferry,J,A.Sapir,N.Veron,and G.Wolff.2012.What Kind of European Banking Union?*Bruegel Policy Contribution,*Issue 2012/12.Brussels:Bruegel.

Quintyn,M.,S.Ramirez,and M.Taylor.2007.The Fear of Freedom:Politicians and the Independence and Accountability of Financial Sector Supervisors.

IMF Working Paper No.WP/07/25.

Rodrik,D.2000.How Far Will International Economic Integration Go?*Journal of Economic Perspectives* 14,177−186.

Rodrik,D.2011.*The Globalization Paradox:Democracy and the Future of the World Economy*.New York:Norton.

Rogoff,K.1999.International Institutions for Reducing Global Financial Instability,*Journal of Economic Perspectives* 13,21−42.

Schelling,T.1955.*International Cost - Sharing Arrangement*.Essays in International Finance No.24.Princeton:Princeton University Press.

Schildbach,J.,and C.Wenzel.2012.European Banks Retreating from the US. Talking Point,August 16.Frankfurt am Main:Deusche Bank Research.

Schinasi,G.2007.Resolving EU Financial-Stability Challenges:Is a Decentralized Decision-Making Approach Efficient?Unpublished manuscript.

Schoenmaker,D.1997.Banking Supervision and Lender of Last Resort in EMU. In M.Andenas,L.Gormley,C.Hadjiemmanuil,and I.Harden,eds.,*European Economic and Monetary Union:The Institutional Framework*,London:Kluwer International,419−445.

Schoenmaker,D.2005.Central Banks and Financial Authorities in Europe:What Prospects?In D. Masciandaro,ed.,*The Handbook of Central Banking and Financial Authorities in Europe*.Cheltenham:Edward Elgar,398−456.

Schoenmaker,D.2008.The Trilemma of Financial Stability.Paper presented at the CFS - IMF Conference "A Financial Stability Framework for Europe: Managing Financial Soundness in an Integrating Market." September 26. Frankfurt am Main.

Schoenmaker,D.2011.The Financial Trilemma.*Economics Letters* 111,57−59.

Schoenmaker,D.2012.Banking Supervison and Resolution:The European Dimension.*Law and Financial Markets Review* 6(1),52−60.

Schoenmaker,D.,and D.Gros.2012.A European Deposit Insurance and Resolution Fund- An Update.Duisenberg School of Finance Policy Paper No.26.

Schoenmaker,D.,and S.Oosterloo.2005.Financial Supervision in an Integrating Europe:Measuring Cross-Border Externalities.*International Finance* 8,1-27.

Schoenmaker, D., and C.van Laecke.2007.Current State of Cross - Border Banking.In D.Evanoff,G.Kaufman,and J.LaBrosse,eds.,*International Financeial Instability:Global Banking and National Regulation.*Singapore:World Scientific, 39-63.

Schoenmaker,D.,and A.Siegmann.2012.Can European Bank Bailouts Work? Dusenberg School of Finance- Tinbergen Institute Discussion Paper TI 12-111/43.

Schoenmaker,D.,and W.Wagner.2011.The Impact of Cross-Border Banking on Financial Stability.Duisenberg School of Finance- Tinbergen Institute Discussion Paper TI 11-054/DSF 18.

Shleifer,A.,and R.Vishny.2010.Asset Fire Sales and Credit Easing.*American Economic Review Papers and Proceedings* 100,46-50.

Slijkerman,J.2007.Financial Stability in the EU.Ph.D.diss.Rotterdam:Tinbergen Institute.

Soussa,F.2004.A Note on Banking FDI in Emerging Markets:Literature Review and Evidence.Working paper.London:Bank of England.

Special Investigation Commission.2010.*Report of the Althingi Special Investigation Commission.*Icland:Althingi.

Sullivan,D.1994.Measuring the Degree of Internationalization of a Firm.*Journal of International Business Studies* 25,325-342.

Summe,K.2010.Lessons Learned from the Lehman Bankruptcy.In K.Scott,G. Shultz,and J.Taylor,eds.,*Ending Government Bailouts As We Know Them.*

Stanford:Hoover Institution Press.

Tett,G.2012.Global Shift in US Business Is a Headache for Washington. *Financial Times*.August 13.

The Banker.2012.Top 1000 World Banks 2012.July.London.

Thygesen,N.2003.Comments on the Political Economy of Financial Harmonisation in Europe.In J.Kremers,D.Schoenmaker,and P.Wierts,eds., *Financial Supervision in Europe*.Cheltenham:Edward Elgar,142−150.

Trichet,J.2011.Building Europe,Building Institutions.Speech on receiving the Karlspreis.June 1.Aachen,Germany.

Tucker,P.2012.Resolution:A Progress Report.Speech at the Institute for Law and Finance Conference.May 3.Frankfurt am Main.

Turner,A.2009.*The Turner Review:A Regulatory Response to the Global Banking Crisis*.London:Financial Services Authority.

Valukas,A.2010.*Report of Anton R.Valukas,Examiner,to the United States Bankruptcy Court Southern District of New York in re:Lehman Brothers Holdings Inc.,et al.Debtors*.March 11.New York.

Van de Woestyne,F.,and A.van Caloen.2009.*Fortis,Dexia...Le Séisme*.Brussels: Luc Pire.

Van Lelyveld,I.2012.Geographical Diversification in Banking.Unpublished manuscript.

术语汇总

荷兰银行集团，ABN Amro Group

中国农业银行，Agricultural Bank of China

爱尔兰联合银行，Allied Irish Banks

美国国际集团，American International Group (AIG)

  AIG 金融产品，AIG Financial Products and

  信用违约掉期，credit default swaps and

  衍生品组合，derivatives portfolio of

  资本重组，recapitalization of

  问题资产救助计划，Troubled Asset Relief Program and

  美国政府，United States government and

澳新银行集团，ANZ Banking Group

阿根廷，Argentina

亚洲金融危机，Asian Financial Crisis

澳大利亚，Australia

奥地利，Austria

自救债券，bail-in debt

救助。见注资 Banca Intesa 银行，bailouts.See recapitalization Banca Intesa

分散的国际银行，as decentralized international bank

富通，Fortis

规模，size of

国际清算银行，Bank for International Settlements (BIS)

"卡特尔"式的国际组织，as "cartel" type international organization and

问责制，accountability and

巴塞尔银行监管委员会，Basel Committee on Banking Supervision and

组织章程，Constituent Charter of

金融服务局，Financial Services Board and

全球金融治理，global governance of finance and

全球系统重要性银行，globally systematically important banks (G-SIBs) and

二十国集团，Group of Twenty (G20) and

最后贷款人，as lender of last resort

银行业联盟，Banking Union

美国银行，Bank of America

中国银行，Bank of China

交通银行，Bank of Communications

英国央行，Bank of England

金融政策委员会，Financial Policy Committee (FPC) and

最后贷款人，as lender of last resort

处置计划，resolution plans and

监管作用，supervisory role

日本银行，Bank of Japan

蒙特利尔银行，Bank of Montreal

梅隆纽约银行，Bank of New York Mellon

法兰西银行，Banque de France

巴克莱，Barclays

　　巴克莱资本，Barclays Capital and

　　雷曼兄弟，Lehman Brothers and

规模，size of

巴林，Barings

巴塞尔银行监管委员会，Basel Committee on Banking Supervision

　　国际清算银行（BIS），Bank for International Settlements (BIS) and

　　金融稳定理事会，Financial Stability Board (FSB) and

　　全球系统性重要银行，globally systemic important banks (G-SIBs) and

　　二十国集团，Group of Twenty (G-20) and

　　起源，origins of

　　政策范围的，policy purview of

巴塞尔监管合作协定，Basel Concordat on Supervisory Coordination

巴塞尔协议 I（巴塞尔资本协议 1988 年），Basel I (Basel Capital Accord of 1988)

巴塞尔协议 II（2004/2006 修订国际资本框架），Basel II (2004/6 Revised International Capital Framework)

巴塞尔协议 III 资本框架和资本要求，Basel III capital framework capital charges and

　　杠杆比率，leverage ratio and

　　风险管理，risk management and

巴伐利亚银行，Bayerische Landesbank

比利时，Belgium

　　银行、金融与保险委员会，Commission for Banking, Finance and Assurance and

　　德克夏银行，Dexia and

　　欧洲联盟，European Union and

富通，Fortis and

债券持有人，bondholders

分支机构，branches

巴西，Brazil

布雷顿森林会议，Bretton Woods Conference

布鲁塞尔补充公约，Brussels Supplementary Convention

德国央行，Bundesbank

责任分担，burden-sharing

"内部纾困"，"bail-ins" and

欧洲稳定机制，European Stability Mechanism (ESM) and

金融三元悖论，financial trilemma and

金融大危机，Great Financial Crisis and

多数投票（MV），majority voting (MV) and

核能量，nuclear energy

加拿大帝国商业银行，Canadian Imperial Bank of Commerce

资本要求，capital charges

巴塞尔协议III，Basel III and

资本增持，capital holdings

金融稳定理事会，Financial Stability Board and

全球系统重要性银行，global systemically important banks (G-SIBs) and

瑞士，Switzerland and

英国，United Kingdom and

资本流动性的金融危机，capital mobility financial crises and

货币三元悖论，monetary trilemma and

（美国）第一资本金融公司，Capital One Financial Corporation

中欧和东欧国家的银行体系，Central and Eastern European banking system

全球金融危机，Global Financial Crisis and

西欧银行，Western European banks and

亚洲央行，central banks Asia and

国内银行的不对称，asymmetries between

国内银行 domestic banks and

欧洲联盟（欧盟），European Union (EU) and

汇率，exchange rates

金融监管，financial supervision and

金融服务局，Financial Services Board and

国际货币基金组织，International Monetary Fund and

利率，interest rates and

最后贷款人，as lenders of last resort

货币三元悖论，monetary trilemma and

处置计划，resolution plans and

中、东、南欧洲（CESE）的子公司，central, eastern, and southern European (CESE) subsidiaries

切尔诺贝利反应堆熔毁，Chernobyl reactor meltdown

中国，China

国际清算银行，Bank for International Settlements and

中央银行（中国人民银行），central bank in (People's Bank of China)

以国内为主的银行，domestically oriented banks in

汇率，exchange rate in

外资银行渗透率，foreign bank penetration in

全球金融治理，global governance of finance and

金融大危机，Great Financial Crisis and

二十国集团，Group of Twenty (G-20) and

中国中信银行，China Citic Bank

中国建设银行股份有限公司，China Construction Bank Corporation

花旗集团，Citigroup

    美洲，the Americas

    综合性的国际银行，as integrated international bank

    规模，size of

    子公司，subsidiaries of

倒闭平衡，closure equilibrium

商业票据，commercial paper

德国商业银行，Commerzbank

全球金融体系委员会，Committee on the Global Financial System

联邦银行，Commonwealth Bank

议会（美国），Congress (United States)

美国联邦储备委员会，Federal Reserve

金融稳定监督委员会，Financial Stability Oversight Council (FSOC)

金融大危机，Great Financial Crisis

蔓延，contagion

企业税，corporate taxes

全国金融公司，Countrywide Financial Corporation

法国农业信贷银行，Crédit Agricole

互助信贷银行，Crédit Mutuel

瑞士信贷集团，Credit Suisse Group

危机管理，crisis management

跨境外部性，cross-border externalities

    欧盟（EU），European Union (EU) and

    金融三元悖论，financial trilemma and

    国际银行的破产，international banking failures and

国际金融监管，international financial supervision and

核能，nuclear energy and

大和，Daiwa

债务人占有融资的法律（英国），debtor in possession (DIP) financing law (United Kingdom)

丹麦，Denmark

存款保险， deposit insurance

    欧盟（EU），European Union (EU) and

    金融大危机，Great Financial Crisis and

    日本和，Japan and

    美国，United States and

存款保险公司（日本），Deposit Insurance Corporation (Japan)

德意志银行，Deutsche Bank

    欧盟，European Union (EU) and

    综合性的国际银行，as integrated international bank

    国际增持，international holdings of

    资本重组，recapitalization and

    规模，size of

德克夏 Dexia

    比利时政府，Belgian government and

    法国本地信贷， Crédit Local de France and

    金融安全保障（美国子公司），Financial Security Assurance (US subsidiary) and

    法国政府，French government

    卢森堡政府，Luxembourg government

    资本重组，recapitalization of

规模，size of

DNB集团，DNB Group

《多德－弗兰克法案》（美国），Dodd-Frank Act (United States)

国内银行，domestic banks

    资产分布，asset distribution among

    定义，definition of

国内银行（续），domestic banks (Cont.)

    全球系统重要性银行，as global systemically important banks

    金融大危机，Great Financial Crisis and

    道德风险，moral hazard and

    国家财政政策，national financial policies and

    资本重组，recapitalization and

    全球规模最大，world's largest

德累斯登银行，Dresdner Bank

德崇证券集团，Drexel Burnham Lambert Group

东欧。参见中欧和东欧银行体系，Eastern Europe. See Central and Eastern European banking system

经济与货币联盟（EMU），Economic and Monetary Union (EMU)

股权融资，equity financing

第一储蓄集团，Erste Group

欧洲央行的协调行动，European Bank Coordination Initiative

欧洲复兴和发展银行（EBRDE），European Bank for Reconstruction and Development (EBRD)

欧洲银行业管理局（EBA），European Banking Authority (EBA)

欧洲央行（ECB），European Central Bank (ECB)

    欧洲银行业联盟的建议，European banking union proposal and

欧洲系统性风险委员会（ESRB），European Systemic Risk Board (ES-RB) and

德国，Germany and

最后贷款人，as lender of last resort and

货币稳定，monetary stability and

国家中央银行，national central banks and

监管，supervision and

欧盟委员会，European Commission

银行监管，banking supervision and

高级别专家小组，High-Level Expert Group and

立法过程，legislative process and

候选主席，proposed presidency of

欧洲存款保险和处置管理局（EDIRA），European Deposit Insurance and Resolution Authority (EDIRA)

欧洲经济区，European Economic Area (EEA)

欧洲金融服务圆桌会议，European Financial Services Round Table (EFR)

欧洲治理资金，European governance of finance

欧洲原子能法庭，European Nuclear Energy Tribunal

欧洲稳定机制，European Stability Mechanism (ESM)

责任分担，burden-sharing

欧洲银行业联盟的建议，European banking union proposal and

财政支持，as fiscal backstop

投票规则，voting rules and

中央银行欧洲系统，European System of Central Banks (ESCB)

欧洲系统风险委员会，European Systemic Risk Board (ESRB)

欧洲联盟，European Union (EU)

银行监管，banking regulation in

银行业联盟的建议，banking union proposal and

责任分担，burden-sharing in

中央银行，central banks and

跨境外部性，cross-border externalities and

民主赤字，democratic deficit in

存款保险，deposit insurance and

欧盟财政经济部长理事会，cofin Council and

欧洲银行协调行动倡议，European Bank Coordination Initiative and

欧盟委员会，European Commission and

欧洲理事会，European Council and

欧洲存款保险和处置管理局，European Deposit Insurance and Resolu-
ion Authority

(EDIRA)欧洲经济区，European Economic Area and

欧洲议会，European Parliament and

联邦制，federalism in

金融三元悖论，financial trilemma and

外资银行渗透率，foreign bank penetration in

共同主权，joint sovereignty and

里斯本条约，Lisbon Treaty and

货币三元悖论，monetary trilemma and

政治联盟，political union and

处置当局，resolution regime in

第二银行指令，Second Banking Directive and

单一的规则手册 Single Rule Book and

普遍的方法，universal approach

汇率机制，Exchange Rate Mechanism

汇率，exchange rates

    央行，central banks and

    经济与货币联盟，Economic and Monetary Union(EMU) and

    欧盟汇率机制，EU Exchange Rate Mechanism and

    美联储（美国），Federal Reserve (United States) and

    货币三元悖论，monetary trilemma and

外部性。另请参阅跨境外部性，externalities. See also cross-border externalities

房利美，Fannie Mae

美国联邦存款保险公司（FDIC，美国），Federal Deposit Insurance Corpo-ation (FDIC, United States)

美联储（美国）和美国国际集团，Federal Reserve (United States) AIG and

    国会，Congress and

    联邦储备法，Federal Reserve Act and

    金融大危机，Great Financial Crisis and

    货币政策，monetary policy and

财政政策委员会，Financial Policy Committee (FPC)

金融安全网，financial safety net

金融部门评估规划，Financial Sector Assessment Program (FSAPs)

金融安全保障（德克夏银行的子公司），Financial Security Assurance (Dexia subsidiary)

金融服务管理局（FSA 英国），Financial Services Authority (FSA, United Kingdom)

金融稳定的定义，financial stability definition of

    金融三元悖论，financial trilemma

    国际银行业的冲击，international banking's impact on

    系统性风险，systemic risk and

    金融稳定理事会，Financial Stability Board (FSB)

资本要求，capital charges

金融的全球治理，global governance of finance and

全球系统重要性银行，global systemically important banks (G-SIBs)

二十国集团，Group of Twenty (G20) and

金融机构有效处置框架的关键要素，Key Attributes of Effective Resolution Regimes for Financial Institutions

职权，mandate

处置计划，resolution plans and

金融稳定监督委员会（FSOC，美国），Financial Stability Oversight Council (FSOC, United States)

金融三元悖论，financial trilemma

责任分担规则，burden-sharing rules and

比较货币三元悖论，compared to monetary trilemma

利益冲突，conflicts of interest and

跨境外部性，cross-border externalities and

欧盟，European Union (EU) and

金融危机，financial crises and

金融稳定，financial stability and

金融大危机，Great Financial Crisis and

图示，illustration of

国际银行业，international banking and

国际协调的方式，international coordination approach

多数表决，majority voting (MV) and

模式，modeling of

道德风险，moral hazard and

国家金融政策，national financial policies and

政治领导人，political leaders and

囚徒困境，prisoners' dilemma and

有关的建议，proposals regarding

合格的多数投票，qualified majority voting (QMV) and

资本重组，recapitalization and

处置计划，resolution plans and

分散的银行方法，segmented banking approach to

超国家的方法，supranational approach to

全体一致投票，unanimity voting and

芬兰，Finland

全球化的第一阶段，First Age of Globalization

财政支持，fiscal backstop

外资银行渗透率，foreign bank penetration

外商直接投资，（FDI）foreign direct investment (FDI)

外汇市场，foreign exchange market

富通，Fortis

荷兰银行，ABN Amro and

比利时政府，Belgian government and

法国巴黎银行，BNP Paribas and

荷兰政府，Dutch government and

比利时富通银行，Fortis Bank Belgium

卢森堡富通银行，Fortis Bank Luxembourg

荷兰富通银行，Fortis Bank Netherlands

卢森堡政府，Luxembourg government and

资本重组，recapitalization of

规模，size of

世界经济第十四届日内瓦报告，Fourteenth Geneva Report on the World Economy

法国，France

房地美，Freddie Mac

富而德律师事务所，Freshfields Bruckhaus Deringer

德国，Germany

    欧洲央行，European Central Bank (ECB) and

    欧洲稳定机制，European Stability Mechanism (ESM) and

    冰岛银行，Icelandic banks and

    处置当局，resolution regime in

全球联邦制，global federalism

全球金融治理，global governance of finance

    负责任的监管机构，accountable supervisory agencies and

    亚洲，Asia and

    国际清算银行（BIS），Bank for International Settlements (BIS) and

    责任分担，burden sharing and

    中国，China and

    国内的政治障碍，domestic political obstacles and

    欧洲，Europe and

    金融稳定理事会，Financial Stability Board and

    财政支持，fiscal backstops and

    全球系统重要性银行，global systemically important banks (G-SIBs) and

金融大危机，Great Financial Crisis and

    集团处置，group resolution and

    独立的监管机构，independent supervisory agencies and

    信息泄露，information leakage and

    集成方法，integrated approach to

    国际货币基金组织（IMF），International Monetary Fund (IMF) and

    宏观审慎工具，macro-prudential tools and

职权，mandates and

道德风险，moral hazard and

国家监管体系，national regulatory systems and

处置方案，resolution plans and

政治家作用，role of politicians and

结构改革，structural reforms and

监管机构，supervisory agencies and

监管和处置框架，supervisory and resolution framework for

条约义务，treaty obligations and

美国，United States and

自愿合作，voluntary cooperation and

全球系统重要性银行，global systemically important banks(G-SIBs)

国际清算银行，Bank for International Settlements and

巴塞尔银行监管委员会，Basel Committee on Banking Supervision and

资本要求，capital charges and

资本增持，capital holdings and

复杂性，complexity of

金融稳定理事会，Financial Stability Board and

全球性的活动，global activity of

全球金融治理，global governance of finance and

二十国集团，Group of Twenty (G20) and

相互关联，interconnectedness of

国际货币基金组织，International Monetary Fund and

道德风险，moral hazard and

处置计划，resolution plans and

规模，size of

可替代性，substitutability and

目标独立性，goal independence

高盛，Goldman Sachs

责任分担，burden sharing

治理框架，governance framework

金融大危机。另请参阅美国国际集团（AIG），Great Financial Crisis. See also American International Group (AIG)

富通，Fortis

雷曼兄弟，Lehman Brothers

债券持有人，bondholders and

资本增持，capital holdings and

中欧和东欧银行体系，Central and Eastern European banking system and

存款保险，deposit insurance and

金融三元悖论，financial trilemma and

全球金融治理，global governance of finance and

二十国集团，Group of Twenty (G20) and

国际银行，international banks and

国际货币基金组织，International Monetary Fund (IMF) and

国家处置机制，national resolution regimes and

政策建议，policy proposals following

风险管理，risk management and

证券，securitizationand

软法规制方法，soft law regulation approach and

次级抵押贷款市场，subprime mortgage market and

大而不能倒理论，too-big-to-fail doctrine and

美国，United States and

希腊，Greece

七国集团（G7），Group of Seven (G7)

二十国集团，Group of Twenty (G20)

　　国际清算银行，Bank for International Settlements and

　　金融稳定理事会，Financial Stability Board and

　　全球系统重要性银行，global systemically important banks (G-SIBs) and

　　金融大危机，Great Financial Crisis and

海牙公约（国际清算银行），Hague Convention (Bank for International Settlements)

苏格兰哈利法克斯银行，Halifax Bank of Scotland

硬法，hard law

香港，Hong Kong

希望与合作，Hope & Co

汇丰银行，HSBC

轴辐式组织模式 hub and spoke organizational model

匈牙利，Hungary

冰岛（冰岛银行），Iceland (Icelandic banks)

印度，India

中国工商银行，Industrial Commercial Bank of China

国际金融协会（IIF），Institute of International Finance (IIF)

工具独立性，instrument independence

利率，interest rates

国际保险监督官协会，International Association of Insurance Supervisors (IAIS)

国际银行。请参阅全球系统重要性银行，international banking. See also global systemically important banks (G-SIBs)

　　美洲，Americas and

　　亚太，Asia-Pacific and

分公司模式，branch model of

业务策略，business strategies and

资本市场， capital markets and

公司税，corporate taxes and

国债资金，debt funding and

分散模式，decentralized model and

欧洲，Europe and

外部资金，external funding and

金融市场，financial markets and

金融稳定， financial stability and

金融三元悖论，financial trilemma and

外资银行渗透率，foreign bank penetration and

地域多样化，geographic diversification and

金融大危机，Great Financial Crisis and

集成模型，integrated model of

国际贸易，international trade and

管理职能，management functions and

国家治理，national governance and

政治风险，political risk and

资本结构调整，recapitalization and

围栅原则，ring-fencing and

风险管理，risk management and

分散，segmentation and

子公司模式，subsidiary model of

"古典"国际组织的国际货币基金组织，International Monetary Fund (IMF) as "classical" international organization

阿根廷危机，Argentina crisis and

协议条款（"IMF条约"），Articles of Agreement（"IMF Treaty"）and

央行，central banks and

批评，criticisms of

欧洲央行合作倡议，European Bank Coordination Initiative

欧洲系统风险委员会，European Systemic Risk Board (ESRB) and

金融部门评估规划，Financial Sector Assessment Program (FSAPs) and

财政支持，as fiscal backstop

全球系统重要性银行，global systemically important banks (G-SIBs) and

金融全球治理，global governance of finance and

治理，governance of

金融大危机，Great Financial Crisis and

IMF处置机构，IMF Resolution Agency and

国际货币与金融委员会，International Monetary and Financial Committee (IMFC)

最后贷款人，as lender of last resort

起源，origins of

改革建议，reform proposals for

美国，United States and

国际组织证券委员会（IOSCO），International Organisation of Securities Commissions (IOSCO)

国际掉期与衍生产品协会，International Swaps and Derivatives Association (ISDA)

国际三元悖论，international trilemma

联合圣保罗银行，Intesa Sanpaolo

爱尔兰，Ireland

意大利，Italy

日本，Japan

　　国际清算银行(BIS)，Bank for International Settlements (BIS) and

　　存款保险，deposit insurance in

　　外资银行渗透率，foreign bank penetration in

　　国际货币基金组织，International Monetary Fund and

　　处置当局，resolution regime in

　　监管当局，supervisory authorities in

摩根大通，JP Morgan Chase

金融机构有效处置框架的关键要素，Key Attributes of Effective Resolution Regimes

金融机构，Financial Institutions

韩国国民银行，Kookmin Bank

韩国，Korea，Republic

巴塞罗那储蓄银行，Landsbankila Caixa

拉美。另请参阅个别国家，Latin America. See also individual countries

外资银行渗透率，foreign bank penetration

外商直接投资，foreign direct investment in

贸易，trade

拉脱维亚，Latvia

雷曼兄弟，Lehman Brothers

　　积极的发展战略，aggressive growth strategy of

　　破产，bankruptcy of

　　巴克莱，Barclays and

　　雷曼兄弟控股公司（LBHI），Lehman Brothers Holding Inc. (LBHI)

　　雷曼兄弟公司（美国子公司），Lehman Brothers Inc. (US subsidiary)

雷曼兄弟国际（欧洲），Lehman Brothers International Europe

道德风险，moral hazard and

柜台衍生品，over-the-counter (OTC) derivatives and

系统性风险，systemic risk and

最后贷款人 lender of last resort

国际清算银行，Bank for International Settlements (BIS) as

欧洲央行，European Central Bank as

国际框架，international framework for

国际货币基金组织，International Monetary Fund as

道德风险，moral hazard and

各国央行，national central banks as

各国政府，national governments and

私营部门，private sector and

杠杆，leverage

美国国际集团，American International Group and

巴塞尔协议III的资本框架，Basel III capital framework and

股权融资，equity financing and

雷曼兄弟，Lehman Brothers and

政策建议方面，policy recommendations regarding

利卡宁集团，Liikanen Group

流动性，liquidity

巴塞尔协议III的资本框架，Basel III capital framework and

流动性增持，liquidity holdings

里斯本条约，Lisbon Treaty

劳埃德银行集团，Lloyds Banking Group

劳埃德，TSBLloyds TSB

抵押率（按揭），loan-to-value (LTV) ratios

长期资本管理，Long Term Capital Management

卢森堡，Luxembourg

多数表决。另请参阅合规多数表决，majority voting (MV). See also qualified majority voting

　　责任分担，burden sharing and

　　金融三元悖论，financial trilemma and

　　处置当局，resolution regimes and

马来西亚，Malaysia

美第奇家族，Medici family

谅解备忘录(MoUs)，memoranda of understanding (MoUs)

墨西哥，Mexico

三菱东京金融集团，Mitsubishi Tokyo Financial Group

三菱UFJ金融集团，Mitsubishi UFJ Financial Group

瑞穗金融集团，Mizuho Financial Group

货币政策，货币三元悖论，monetary policy，monetary trilemma and

货币三元悖论，monetary trilemma

　　资本流动，capital mobility and

　　中央银行，central banks and

　　中国的方法，China's approach to

　　相比于金融三元悖论，compared to financial trilemma and

　　欧盟的方法，EU approach to

　　汇率，exchange rates and

　　阐释，illustration

　　货币政策，monetary policy and

　　美国的方法，US approach to

货币市场共同基金，money market mutual funds

道德风险，moral hazard

  金融全球治理，global governance of finance and

  全球系统重要性银行，global systemically important banks (G-SIBs) and

  雷曼兄弟，Lehman Brothers and

  公共干预，public intervention and

  处置计划，resolution plans and

  蕴含方式，ways of containing

摩根士丹利，Morgan Stanley

抵押贷款支持证券，mortgage-backed securities

跨国公司，multinational companies

多重均衡，multiple equilibria

蒙代尔–弗莱明模型，Mundell-Fleming model

民族国家，nation-states

  财政权力，financial powers

  金融三元悖论，financial trilemma and

  国际治理，international governance and

  大众政治，mass politics and

  民族认同，national identity and

  原因，reasons for

  主权，sovereignty and

  威斯特伐利亚体系，Westphalian system and

澳大利亚国民银行，National Australia Bank

全国城市公司，National City Corporation

国家金融治理，national governance of finance

荷兰，Netherlands

富通，Fortis and

冰岛银行，Icelandic banks and

民族主义党，nationalist party in

处置当局， resolution regime in

新西兰，New Zealand

非合作的纳什均衡，noncooperative Nash equilibria

北岩，Northern Rock

挪威，Norway

核能，nuclear energy

纽约泛欧交易所的合并 ，NYSE Euronext merger

经济合作与发展组织组织，（OECD）Organisation for Economic Cooperation and Development (OECD)

场外交易衍生品， over-the-counter (OTC) derivatives

巴黎公约，Paris Convention

中国人民银行，People's Bank of China

PNC金融服务集团，PNC Financial Services Group

政治联盟，Political Union

葡萄牙，Portugal

总统市场机制特别行动小组，Presidential Task Force on Market Mechanisms

普华永道，Price Waterhouse Coopers (PwC)

主权基金，Primary Fund

委托代理理论，principal-agent theory

囚徒困境，prisoner's dilemma

自营交易，proprietary trading

公共干预，public intervention

合格的多数投票，qualified majority voting (QMV)

荷兰合作银行集团，Rabobank Group

 资本重组，recapitalization

 美国国际集团，AIG and

 "内部纾困"，"bail-ins" and

 金融三元悖论，financial trilemma and

 富通，Fortis and

 多国环境，multi-country setting and

 囚徒困境，prisoner's dilemma and

 一个国家情景，single-country setting and

区域性银行，regional banks

 美洲，the Americas and

 资产分布，asset distribution among

 定义，definition of

 欧盟，European Union and

 全球系统重要性银行，as global systemically important banks

 世界上最大的，world's largest

声誉风险，reputation risk

处置。参见金融机构有效处置框架的关键要素，resolution. See also Key Attributes of Effective Resolution Regimes for Financial Institutions

 危机管理，crisis management and

 国际银行，international banks and

 处置当局，resolution authority

 处置计划，resolution plans

 处置机制，resolution regimes

修订后的国际金融框架。见巴塞尔资本协议II，Revised International Capital Framework. See Basel II

围栏原则，ring-fencing

    BCCI案例，外国资产，BCCI case and，foreign assets and

    信息，information and

    国际银行，international banks and

    国家财政当局，national financial authorities and

    零售银行，retail banks and

    美国，United States and

风险管理，risk management

    巴塞尔协议，Basel agreements and

    金融监督管理委员会，Financial Supervisory Board and

    国际银行业， international banking and

风险权重，risk-weights

罗马尼亚，Romania

加拿大皇家银行，Royal Bank of Canada

苏格兰皇家银行，Royal Bank of Scotland

全球化的第二个时代，Second Age of Globalization

证券交易委员会（SEC），Securities and Exchange Commission(SEC)

证券投资者保护法案（美国），Securities Investor Protection Act (United States)

证券，securitization

半国际化银行，semi-international banks

塞尔维亚，Serbia

新加坡，Singapore

斯洛文尼亚，Slovenia

法国兴业银行，Société Générale

软法方法，soft law approaches

南非，South Africa

西班牙。另请参阅个别银行 Spain， See also individual banks

渣打银行，Standard Chartered

股票市场，stock markets

次级抵押贷款市场，subprime mortgage market

子公司，subsidiaries

三井住友金融集团，Sumitomo Mitsui Financial Group

住友信托银行，Sumitomo Trust & Banking

太阳信托银行，SunTrust Banks

超国家方法，supranational approach

瑞典。也见瑞士北欧联合银行和国际清算银行，Sweden， See also Nordea Switzerland BIS and

资本要求，capital charges and

杠杆比率，leverage ratios in

处置机制，resolution regime in

系统性风险的定义， systemic risk definition of

欧盟的方法，European Union approach to

金融服务局，Financial Services Board and

金融三元悖论， financial trilemma and

金融大危机，Great Financial Crisis and

雷曼兄弟，Lehman Brothers and

地域方法，territorial approach

泰国，Thailand

大而不能倒原则，too-big-to-fail doctrine

多伦多道明银行，Toronto-Dominion Bank

跨国身份，transnational identity

跨国指数，Transnationality Index

问题资产救助计划，Troubled Asset Relief Program (TARP)

土耳其，Turkey

世界经济第十二届日内瓦报告，Twelfth Geneva Report on the World Economy

瑞银（UBS），UBS

意大利联合信贷银行，UniCredit

英国的美国国际集团，United Kingdom AIG and

    资本要求，capital chargesand

    金融服务管理局，Financial Services Authority in

    冰岛银行，Icelandic banks and

    雷曼兄弟，Lehman Brothers and

    杠杆比率，leverage ratios in

    宏观审慎政策，macro-prudential policy and

    处置机制，resolution regime in

美国。又见议会（美国）；美联储（美国）United States. See also Congress (United States); Federal Reserve (United States)

美国国集团，AIG and

    银行监管，banking regulation in

    存款保险，deposit insurance and

    《多德－弗兰克法案》，Dodd-Frank Act in

    外资银行渗透率，foreign bank penetration in，foreign banking penetration in

    外资银行，foreign banks in

    金融全球治理，global governance of finance and

金融大危机，Great Financial Crisis and

国际货币基金组织，International Monetary Fund (IMF) and

雷曼兄弟，Lehman Brothers and

宏观审慎政策，macro-prudential policy

美国储蓄管理局，Office of Thrift Supervision

处置当局，resolution regime in

地域方法，territorial approach

财政部，Treasury Department

普遍的方法，universal approach

美国合众银行，US Bancorp

维克斯委员会，Vickers Committee

沃尔克规则，Volcker rule

华盛顿互惠银行，Washington Mutual

富国银行有限公司，Wells Fargo & Co

西太平洋银行，Westpac Banking Corporation

民族国家的威斯特伐利亚体系，Westphalian system of nation-states

世界银行，World Bank

全球金融管理局，建议，World Financial Authority， proposal for

世界贸易组织，World Trade Organization (WTO)